Ines Höhne

Australian Terrier und Australian Silky Terrier

Ines Höhne

Australian Terrier und
Australian Silky Terrier

Darsa´s Huckleberry Finn

Mit 65 Fotos.

Die Fotos stammen von: Photo-Roberto, LOPEZ-FOTO, von Familie Brechel, Frau Koniecny, Frau Sissi Dollmann.

Danksagung an Frau Sarah Horn für Ihre Hilfe bei der Erstellung der erneuten Auflage.

Copyright c 2010 by Ines Höhne
Herstellung und Verlag : Books on Demand GmbH, Norder-stedt

Umschlaggestaltung: Ines Höhne

ISBN 9783842307117

2.Auflage

4

Inhalt

5

Literaturhinweise

- Dogs of Australia - an official Publication of the Kennel Control Council, Victoria
- Der Australian Silky-Terrier Der Australian Terrier Helmut Dressler
- Silky Terrier – Judith A. Tabler
- Australian Terrier - Nell. Fox
- Australian Born, Australian Bred – Jan Boyce
- Yorkshire-Terrier, Silky-Terrier, Chihuahua -Leni Friedelmeier
- This is the Silky Terrier – Betty Young
- Silky Terrier – Martin Weil
- Die Vererbung des Hundes – Marca Bruns, Magaret N. Faser
- How to raise and train a Silky Terrier - Bettty Young
- How to raise and train a Australian Terrier - Mrs. Milton Fox
- Terrier - Wiebke Steen
- Australian Terrie - Muriel P. Lee
- Hundehaltung - Anna - Maria Heyer

1. Vorwort

Im Alter von 3 Jahren bekam ich meinen ersten Hund – einen Deutschen Schäferhund.
Mein Vater züchtete und bildete schon seit Jahren Deutsche Schäferhunde aus.
Diese Hündin sollte mein weiteres Leben prägen. Sie wurde vielmals erfolgreich ausgestellt und fand ihren Einsatz in der Zucht. Sie bekam gesunde, wesensgleiche Welpen und starb im stolzen Alter von 16 Jahren. Während dieser Zeit wurden auf unserem Grundstück mehrere Hunde gehalten und ausgebildet, so dass ich auch wieder einen neuen Wegbegleiter Hund haben wollte.
Diesmal sollte es ein Hund sein, welcher die Charaktereigenschaften eines großen Hundes mit einem kleineren Körper vereinigte.
So trafen wir auf einer großen Ausstellung in Bruno, der damaligen Tschechoslowakischen Republik, einen kleinen Hund der alle Eigenschaften, welche mir wichtig waren, vereinte.

Es war ein Australian Terrier.

Ich sah auch noch eine kleinere Variante, den damaligen Australian Silky Terrier, dieser wurde aber in unserer damaligen Heimat nicht gezüchtet. Nach einigen Recherchen fand ich einen Züchter ganz in unserer Nähe. Es wurde schnell Kontakt geknüpft.
Die Hunde wurden vor Ort besucht und es stand für uns schnell fest solch ein kleiner Zwerg sollte es sein.

Bald fiel der nächste Wurf, so dass wir unseren
ersten Australianwelpen   unser Eigen nennen konnten.

Räuberlein´s Hummel im Alter von 13 Jahren

Nach den ersten erfolgreichen Ausstellungen unter anderem die Weltausstellung 1991 in Dortmund, wo wir auf Anhieb ein V 3 erhielten, sollte es weiter gehen.
So trafen wir auch den Australian Silky Terrier.
Die erste nähere persönliche Bekanntschaft mit dieser außergewöhnlichen Rasse sollte uns bald auch einen Welpen dieser Rasse bescheren.
Es war eine Hündin, welche bald in unser Rudel aufgenommen   wurde. So kam es, dass wir zu
unserer Australian Terrier Zucht auch bald eine Australian Silky Terrier Zucht aufgebaut haben.

Wissen Sie was ein Australian Silky Terrier ist?
Es ist ein Hund in Kleinformat.

Er ist gehorsam, unkompliziert und pflegeleicht.
Er hat bereits viele Freunde gefunden, ist aber in
Deutschland immer noch nicht so verbreitet.
Dass Tiere kein Spielzeug sind versteht sich fast
von selbst. Dies gilt nicht nur für Kinder, sondern
auch für Erwachsene. Besonders seien hier die
Klein- und Zwerghunde genannt, auch wenn sie
noch so niedlich aussehen und in jede „Tasche"
passen.
Man kann sie da halten, wo ihre großen Brüder
nicht hineinpassen. Hier seien vor allem kleinste
Wohnungen, alte oder nicht sehr bewegliche
Menschen und nicht zuletzt große Städte genannt.
Da haben sie eine Aufgabe, als Gefährte und
Freund des Menschen. Sie sind ein vollwertiger
Hund und durch kein anderes Tier, gleichwertig, zu
ersetzen.
Der Australian Silky Terrier, als Rassehund, ist eine
nicht so bekannte Rasse und daher ist die
Nachfrage nicht so stark wie zum Beispiel beim
Yorkshire Terrier. Dies ist auch sehr gut so, denn
eine starke Nachfrage könnte von den wenigen
seriösen Züchtern nicht befriedigt werden. Dies ist
auch nicht im Interesse der Züchter. Es gibt aber
immer Leute, welche ein Geschäft wittern.
Diese „produzieren" die gefragtesten Rassehunde.
Der unbedarfte Interessent sieht nur den kleinen
Welpen und kümmert sich meist nicht um deren
Herkunft. Er erwirbt den Hund und der Tierarzt
bekommt Arbeit.

Telina vom Zerbster Schloß

Freifrau Flora vom Zerbster Schloß

Nice Dream und Lanzelot

Wenn man einen gesunden Gefährten erwerben möchte, sollte man vor allem darauf achten einem robusten Welpen aus einer guten Zucht zu bekommen. Hier lohnt es sich immer, lieber eine Weile zu warten, als irgendwo (eventuell im Ausland) einen Hund zu erwerben. Die kleinen Rassen bringen meistens 3-4 Welpen zur Welt, also kann es unter Umständen eine Weile dauern.

Man sollte darauf achten einen Welpen mit möglichst dunklen, klaren Augen und wachen Ausdruck auszusuchen. Er sollte lebhaft sein und mit seinen Artgenossen rumtoben.

Übervoll behaarte Australian Terrier können später weiches und seidiges Fell haben, welches nicht erlaubt ist.

Der Welpe sollte sich nicht verkriechen, wenn ihn seine bisherigen „Menschen" hochnehmen.

2. Geschichte der Rasse

Viele Merkmale und Eigenschaften eines Hundes sind charakteristisch für eine ganze zoologische Familie. Sie lassen sich gut mit den wilden Verwandten vergleichen und erklären.

Umfangreiche Forschungen lassen es heute als erwiesen gelten, dass der Haushund allein vom Wolf abstammt. Sie gab es schon vor ca. 10 000 Jahren.

Der Hund gehört zu den ältesten Haustieren überhaupt. Die heute existierenden sind grundsätzlich Neuzüchtungen, die aus verschiedenem Ausgangsmaterial nach den jeweiligen Bedürfnissen entwickelt wurden.

Umfangreiche Forschungen lassen dies heute als erwiesen gelten. Schakal und Fuchs unterscheiden sich im Zahnmerkmal, der Gehirnstruktur, dem Herzgewicht und in der Zusammensetzung des Blutes viel mehr vom Hund als der Wolf.

Die Wolfsrasse unterscheidet sich sehr stark z.B. in Fellfarbe und Größe. Daraus lässt sich die Verschiedenheit der heutigen Hunderassen erklären.

So kommt es zu den heute einzelnen Gruppenaufteilungen des FCI:

Gruppe I	Hüte- und Treibhunde
Gruppe II	Pinscher und Schnauzer, Molosser, Berghunde, Schweizer Sennenhunde
Gruppe III	Terrier

Gruppe IV	Teckel
Gruppe V	Nordische Schlitten-, Jagd-, Wach- und Hütehunde, europäische und asiatische Spitze Urtyp
Gruppe VI	Lauf- und Schweißhunde
Gruppe VII	Vorstehhunde / kontinentale, britische und irische
Gruppe VIII	Apportier-, Stöber- und Wasserhunde
Gruppe IX	Gesellschafts- und Begleithunde
Gruppe X	Windhunde

Lange Zeit ist man davon ausgegangen, dass die heutigen Rassen von den „Rassen" der Vergangenheit direkt entwickelt wurden. Dies ist nicht der Fall. Man muss vielmehr davon ausgehen, dass die heute existierenden grundsätzlich „Neuzüchtungen" sind, welche aus verschiedenem Ausgangsmaterial künstlich entwickelt wurden und durch systematische Verpaarung heraus gezüchtet wurden.

Der Australian Terrier und der Australian Silky Terrier gehören zur FCI Gruppe III, die Terrier.
Er trägt dort die Nummer: 8 und 236, unter welcher auch der Standard, d. h. der Idealhund veröffentlicht wurde.

Aber nun zum Ursprung des Australian Terriers und des Australian Silky Terriers. Das Heimatland ist der fünfte Kontinent – Australien.
Dort war der Dingo beheimatet. Durch das einkreuzen der mitgebrachten Hunde für die

tägliche Arbeit der Farmer, Minenarbeiter, Goldsucher und Siedler entstanden der

Australische Cattel Dog
Stummelschwanz Cattel Dog
Australische Kelpie
Australische Terrier
Australische Silky Terrier.

Der Australische Shepherd stammt aus dem Westen der USA und ist ein Collietyp.
Der Border Collie hat seine Heimat in Schottland.
Der Kanguroo Hound (welcher leider schon ausgestorben ist) - er wurde zum töten von Kängurus und Wallabies eingesetzt, vervollständigt die Liste.
Der Australian Silky Terrier – zu deutsch Australischer Seidenterrier – stammt von niederläufigen, in Australien beheimateten, Terrier ab.
Der Australian Silky Terrier kann zwar nicht für sich in Anspruch nehmen schon seit Jahrhunderten zu existieren, seine Vorfahren jedoch sind unter den Terrier zu suchen.
Über den Ursprung ist wenig bekannt, es existieren aber einige Aufzeichnungen aus dem späten 19. Jahrhundert, wo von den ersten Silkyterrier die Rede ist. In den frühen Kolonialtagen, kamen viele schottische und englische Siedler, Minenarbeiter, Goldsucher, Farmer und Reisende mit dem Schiff nach Australien. Auf den Schiffen war es sehr eng, so das Essen und die Gepäckmengen sehr begrenzt waren. So kam es, dass die wenigen

Arbeitshunde aus kurzbeinigen Terriern bestanden. Diese Terrier waren in der Regel rauhaarige Tiere wie der Rouge- Coatet- Black- and- Tan-, Scotch-, Sky- und Manchesterterrier.

Das Hauptaugenmerk richtete sich hierbei auf die Wachsamkeit und Raubzugschärfe der Tiere. Sie sollten das wenige Hab und Gut ihres Besitzers verteidigen und auch noch den Besitzer vor Schlangen, Mäuse und Ratten bewahren. Das damalige Ziel war es, den Schneid der Hunde zu verbessern, darum wurden die mutigsten miteinander verpaart.

Die dort gezüchteten Jagdgebrauchshunde sind hart und mutig. Diese Hunde waren in der Regel rauhaarig Brokern- coatet- Terrier.

Daraus entstanden die Australian Terrier in Blue- and - Tan und Rot. Sein Gewicht wurde mit 5,4 – 6,4 kg und seine Höhe mit 10 inch (25 cm) angegeben.

Er hatte eine enorme Sprungkraft, war sehr wendig, schnell und leise und benötigt wenig Pflege.

Er musste sehr sprungfreudig sein um nicht an die Hörner der Rinder und Schafe zu stoßen, welche er bewachen sollte.

Dies war die Geburtsstunde des Australian Terriers. Die rote Farbe soll ein Erbe der weizenfarbigen Scotch Terrier sein. Australian Terrier sind rauhaarig. Trotzdem kreuzte man zur Intensivierung der Farbe neben anderen blue - and- tan farbene Terriern auch den Yorkshire- Terrier ein.

Von dieser Zeit aus gibt es mehrere Theorien über die Abstammung der Silkyterrier.

Eine Theorie sagt, im frühen 18. Jahrhundert haben sich in Tasmanien broken-coatet Dogs mit einer blauen Farbe entwickelt. Diese waren exzellente Wachhunde, hatten einen wachsamen Instinkt und bellten beim herannahen von Fremden. Zwischen 1820-1830 wurden einige dieser Hunde nach England exportiert. Sie wurden dort mit Dandy Dinmont Terriern verpaart.

Einige dieser Nachkommen wurden wieder nach Australien importiert zu Mr. Mc Arthur Little.

Als Ergebnis kam ein Hund mit silbernem Oberkopf heraus. Einige haben sich mit weichem Fell entwickelt. Dieser wurde als weicher, seidig, blauhaariger Terrier bezeichnet. In den folgenden Jahren entwickelten sich zwei separate Linien von Terriern. Erstens der Australian Terrier und zweitens ein weichhaariger Terrier mit ähnlicher Farbe.

Im frühen 19. Jahrhundert wurde das weiche Haarkleid immer länger und weicher. Um dies zu verbessern, wurde der Yorkshire-Terrier mit dem australischen Weichhaar Terrier verpaart. Als Ergebnis kam der Australian Silky Terrier heraus.

Die zweite Theorie besteht darin, dass der originale Australian Terrier aus der Zucht des broken-coatet Dogs und des Dandy Dinmont Terriern abstammt.

Das Ergebnis der Australian Terrier hatte einen silbernen Oberkopf.

Jahre später haben die Australian Terrier Züchter die Yorkshire-Terrier mit eingekreuzt um die Farbe blue and tan zu verbessern. Das Resultat war der Australian Silky Terrier.

Die Kreuzung der drei Rassen wurde solange durchgeführt, bis es verboten wurde.

Im Jahre 1904 hat der Silky-Terrier und der Yorkshire-Terrier Club von Melbourne einen Standard aufgeschrieben. Sydney folgte zwei Jahre später.

Die einen nannten die Terrier Sydney - Silky, die anderen Victoria - Silky. Beide Rassen wurden getrennt voneinander gefördert und in entsprechende Rassestandards festgelegt. Beide Standards wichen voneinander ab. Der Streit dauerte Jahre.

Im Jahre 1932 veröffentlichte das Kennel-Kontroll-Council von Victoria für den Silky-Terrier, Australian-Terrier und den Yorkshire-Terrier Richtlinien zum Schutz der Identität, denn die kleinen Silky-Terrier waren schwer von dem großen Yorkshire - Terrier zu differenzieren.

Einige Silkyterrier wurden nach dem Weltkrieg nach Amerika importiert und diese Rasse erfreute sich dort wachsender Beliebtheit. Der Streit um den Standard verunsicherte aber auch die Züchter in Amerika, so dass diese selbst einen Standard erstellen wollten.

Davon wachgerüttelt wurde am 30.03.1959 vom Australische-Nationale-Kennel-Council (ANKC) der genehmigte Rassenstandard für den Australian-Silky - Terrier heraus gebracht.

Während des Entwurfes, des nationalen Standards, wurde der Silky in Gewicht, Größe (Höhe), Länge und Farbe als blau und braun oder graublau und braun sowie der Körperform definiert.

Der Standard welcher danach im Jahre 1970 kam, akzeptierte und definiert den Topkot (Kopfhaar). Mehrere andere Theorien existierten, aber ich glaube es trennen beide Theorien keine Erfindungen und die Kombination ist Repräsentant für die Entstehung des Australian - Silky - Terriers

- WER WEIS! -

3. Standard des Australian Terrier im Laufe der Jahre

Der Australian Terrier kann nicht für sich in Anspruch nehmen, bereits seit Jahrhunderten zu existieren. Seine Vorfahren wurden Mitte es 19. Jahrhunderts von Siedlern nach Australien gebracht. Dese Tieren waren in der Regel rauhaarige Vertreter.

In seiner Heimat Down Under bewährt sich der robuste Australian Terrier als Schlangenfänger, Kindermädchen oder Viehhüter. Auch in Europa hat der lustige Gesell viele Herzen erobert.

Der Autralian Terrier ist ein kleiner (Schulterhöhe 27 cm und ca. 6-7 kg) niederläufiger Terrier. Er sollte länger im Verhältnis zur Höhe sein. Der Hund besitzt einen fröhlichen, freundlichen und intelligenten Charakter. Er ist durchweg friedlich, eher als ruhig im Vergleich zum Australian Silky Terrier zu bezeichnen.

Sie werden oft als „Ein Mann Hund" beschrieben. Der Australian Terrier schließt sich oft einem Familienmitglied an, für welchen er durch dick und dünn geht. Er wird als sehr kinderlieb beschrieben.

Der Australian Terrier ist sehr wachsam aber nicht kläffig. Sie sind Jagdtauglich und früher nicht nur zum Schafe und Rinderhüten eingesetzt, sondern auch zur Nieder- und Raubzeugjagt eingesetzt.

Seit 1872 wurden die ersten Broken - Coated Terrier (schwarz blau glänzend) bei Shows präsentiert.

Im Jahre 1889 hat auf der 1. Annual Show des Kennel Clubs von NSW der Broken - Coated Terrier F Wabh´s Maruis bei der Rüden und E Pendergust´s Totti Tanking bei den Hündinnen gewonnen. Und in Sandies gewann J R Allpress Jack X bei den Rüden und J Barton´s Acme coming bei den Hündinnen und der andere Farbschlag ging an J R Allpress Nipper 3.
Es wurden also nicht nur blau/rot-goldene sondern auch sandfarbene Terrier gezeigt.

Der Zwinger „Parkville" aus Tasmanien wurde verkauft und nahm den Namen „Ripon" Zwinger an. Hier ist „Ripon Regie" als dominanter Vater der sandfarbenen und roten Aussies anzusehen. 1896 wurde erstmals für den Australian Terrier ein Standard aufgestellt. Er war dem heutigen ziemlich ähnlich.

Damals waren aber noch stehende und hängende Ohren erlaubt. Im Jahre 1947 wurde der ausführliche Standard mit Stehohren eingeführt. Wenn man die Entwicklung betrachtet wird schnell klar, dass der Australian Terrier ein Ergebnis sehr sorgfältiger und überlegter Zuchtauswahl ist.

Wem wundert es dann, dass 1972 bei der Melbourne – Royal – Show mit über 4900 Hunden ein Australian Terrier bester Hund der Show wurde, und 1970 war Tinee Town Talkbae Gesamt - Bester der Adelaide Royal Show.
Der jetzige Standard stammt vom 14.02.1995.

20

Er wurde von Frau Elke Peper übersetzt.

Der Standard trägt die Nummer 8.
Gruppe III Terrier Sektion 2 Niederläufiger Terrier
ohne Arbeitsprüfung.

Das allgemeine
Erscheinungsbild: Ein kräftig, niederstehender
                        Hund ziemlich lang im Ver-
                        hältnis zu seiner Schulterhö-
                        he, mit ausgeprägtem Terri-
                        ercharakter, aktiv, gesund
                        und leistungsfähig. Sein
                        ungetrimmtes harsches
                        Haarkleid mit deutlicher
                        Halskrause um den Hals,
                        welche sich bis zum
                        Brustbein ausdehnt. Ein
                        langer, kräftiger Kopf
                        unterstreicht sein kühnes
                        robustes Aussehen.

Verhalten/Charakter
(Wesen):   Er ist ursprünglich ein
                        Arbeitsterrier, der aufgrund
                        seiner Treue und dem aus-
                        geglichenem Wesen sich
                        auch gleichermaßen als Be-
                        gleithund eignet.

Kopf: Von einem weichem
                        Haarschopf bedeckt.

Oberkopf:
Schädel: Lang, flach und von

	mäßiger Breite, zwischen den Augen gut ausgefüllt.
Gesichtsschädel:	
Nase:	Schwarz und von gleichmäßiger Größe, wobei sich das Leder bis auf den Nasenrücken erstreckt.
Fang:	Stark, kräftig und von gleicher länge wie der Oberkopf. Kiefer muss kraftvoll zupacken können.
Lefzen:	Straff anliegend und glatt.
Kiefer/Zähne:	Kiefer stark und fähig zuzupacken. Die Zähne groß und regelmäßig angeordnet (Scherengebiß).
Augen:	Die Augen sollten klein und oval mit durchdringendem Ausdruck, von **dunkler** Farbe, weit voneinander eingesetzt und nicht vorstehend.
Ohren:	Die Ohren sind klein, aufrecht und spitz und werden gut getragen. Sie sind mäßig weit auseinander angesetzt und frei von langem Haar. Sie sind sensibel und beweglich in ihrem Gebrauch.
Hals:	Von guter Länge, leicht gebogen, stark und zeigt

22

einen harmonischen Übergang zu den gut gelagerten Schultern.

Körper: Der Körper sollte lang im Verhältnis zur Schulterhöhe des Hundes sein und kräftig gebaut. (Hier beachte das ziemlich Lang im Verhältnis zur Schulterhöhe).

Rückenlinie: Eben.

Lenden: Kräftig.

Brustkorb: Mäßig tief und breit mit gut gebogenen Rippen. Die Vorbrust soll gut entwickelt sein und die Brustbeingegend soll verhältnismäßig tief sein.

Flanken: Tief.

Rute: Vorzugsweise kupiert, hoch angesetzt und gut, jedoch nicht über den Rücken gezogen getragen. Wenn unkupiert, sollen die ersten drei Wirbel gerade oder in leichtem Bogen aufrecht getragen werden,

23

aber nicht über den Rücken gezogen sein. Darf nicht geringelt sein. In ihrer Länge zur Ausgewogenheit der Gesamterscheinung beitragen. Ebenso wie die kupierte Rute soll auch die unkupierte frei von Befederung sein.

Gliedmaßen:	
Vorderhand:	Die Vorderläufe sind starkknochig, gerade und von vorn parallel. Sie sind bis zum Vordermittelfuß leicht befedert.
Vordermittelfuß:	Kräftig.
Hinterhand:	Von mäßiger Länge, breit. Von hinten gesehen parallel. Sie sollen nicht zu weit auseinander stehen oder zu dicht beieinander sein.
Oberschenkel:	Stark und muskulös.
Kniegelenke:	Gut gebogen.
Sprunggelenke:	Gut gewinkelt und tief stehend.
Pfoten:	Kleine, rund und kompakt, mit guten Ballen. Zehen eng nebeneinander, Mäßig gebogen mit schwarzen Krallen.
Gangwerk:	Die Bewegung sollte frei, geradlinig, energisch und

federnd sein. Von vorn
geradlinig, wobei weder
Schultern, Ellbogen oder
Vorderfußwurzeln lose sein
dürfen. Die Hinterhand
muss bei freier Bewegung
Schub und Kraft zeigen.
Von hinten gesehen
ebenfalls parallel nicht zu
eng oder zu breit.

Haarkleid:

Haar: Harsches, glattes und
dichtes Deckhaar von
annähernd 6 cm Länge und
kurzer Unterwolle von
weicher Textur.
Der Fang, der untere Teil
der Läufe, die Pfoten und
die Rute sollen frei von
jeglichem langen Haar sein.

Farbe: -Blau, stahlblau oder
dunkelgraublau mit sattem
Loh (nicht Sandfarbe) am
Vorgesicht, an den Ohren,
unter dem Körper, am
unteren Teil der Läufe, an
den Pfoten, und rund um
den After. Je intensiver
und abgegrenzter die
Farbe ist umso besser.
Dunkle Schattierungen
sind Mängel. Der Schopf

ist blau, silbern oder ist in der Farbe des Kopfhaares in heller Schattierung.
-Klar sandfarben oder rot, wobei jegliche Schattierung einen Mangel darstellt, der Topknot kann auch von hellerer Schattierung sein. Weiße Abzeichen an Brust oder Pfoten sind zu bestrafen.

Größe: Widerristhöhe beträgt annähernd 25 cm (ca. 10 inches), Hündinnen etwas weniger.

Gewicht: Das erwünschte Gewicht beträgt annähernd 6,5 kg (ca. 14 Ibs), Hündinnen etwas weniger.

Fehler: Jede Abweichung von den vorgenannten Punkten.

Bemerkung: Rüden sollen zwei offensichtlich normal entwickelte Hoden aufweisen, die sich vollständig im Skrotum befinden.

Xandros vom Zerbster Schloß

Jungfer Josephin vom Zerbster Schloß

4. Ergänzungen und Erläuterungen dieses Standards

Der Australian Terrier ist lebhaft, furchtlos, anhänglich und sehr wachsam aber nicht kläffig. Er ist leicht erziehbar und sehr gelehrig.

Da ich von den Deutschen Schäferhunden kommen bezeichne ich den kleinen oft als „Bonsai Schäferhund".

Er besitzt alle Vorteile eines großen Hundes und stellt selbst einen Hund in Kleinformat dar. Der Australian Terrier braucht die Verbindung zu seinem „Herren" und der Familie.

Er fühlt sich wohl, wenn alle um ihn herum sind und liest einem jeden Wunsch von den Augen ab.

Er wird als niederläufiger, aufmerksamer, wachsamer, lebhafter und robuster Terrier beschrieben. Sein raues Haarkleid besitzt eine ausgeprägte Halskrause um den Nacken herum, welche ihn einen ruppigen und kühnen Ausdruck verleiht. Der Kopf soll lang sein. Der kräftige Fang soll so weit wie der Oberkopf sein. Auf dem Oberkopf befindet seich ein weicher, seidiger Schopf. Die Augen sollten dunkelbraun und klein sein, sowie weit auseinander liegend und einen klugen und wachsamen Ausdruck haben.

Die Ohren sollen spitz, klein und aufrecht getragen werden und frei von langem Haar sein. Man sagt auch, dass das Haar samtfein sein soll.

Die Nase muss schwarz sein und die Lederhaut erstreckt sich bis zum Nasenrücken.

Das Scherengebiss sollte große und starke Zähne aufweisen.

Der mäßig lange Rücken soll eben sein und eine gerade obere Linie bilden. Der Hals soll lang und leicht gewölbt sein.

Die Läufe müssen gerade sein und in starke Fesseln enden. Die Hinterhand soll muskulös mit gut gewinkelten Kniegelenken und tiefen Sprunggelenken sein.

Die Rute, welche ebenfalls nicht mehr kupiert werden darf, muss hoch angesetzt sein und sollte Sichelförmig getragen werden. Hier ist besonderes Augenmerk auf die ersten Glieder der Rute zu legen (sogenannte Ringelschwänze seid nicht zu bevorzugen).

Die Pfoten sollen klein und geschlossen sein. Die Krallen haben eine schwarze Farbe.

Das Haar soll aus dichtem, **rauhem** und glattem Deckhaar von 5-7 cm Länge bestehen.

Der Fang, die Ohren, die Rute, die Läufe ab Kniegelenk und die Pfoten dürfen keine lange Beharrung aufweisen.

Der Hund soll ungetrimmt sein. Er soll ungepflegt gepflegt aussehen.

Der Standard soll auch hier keine Trimmanleitung sondern ein Zuchtziel sein.

Die Farbe wird als Blau, Stahlblau oder dunkles Graublau mit Rotgoldenem Abzeichnungen beschrieben. Diese sollen an den Ohren, im Gesicht, am Unterkörper, an den Läufen, an den Pfoten und um den After sein.

Der Haarschopf soll sehr weich sein und die Farbe blau, silbern oder hellsandfarben aufweisen.

Bei hell sandfarbenen oder roten Körperhaar darf keine dunkele Schattierung oder rußige Abzeichnung vorhanden sein. Hier soll der Haarschopf hell cremfarben sein.

Das Gangwerk soll kraftvoll, frei und federn sein, wobei die Pfoten parallel sein sollen.

Sein Erscheinungsbild wird als aufgeweckt, aktiv, gesund und leistungsfähig beschrieben. Sein *ungetrimmtes* haarsches Haar mit deutlicher Krause um den Hals. Sein langer kräftiger Kopf unterstreicht sein robustes und kühnes Erscheinungsbild. Er ist ein ursprünglicher Arbeitsterrier, eignet sich aber auf Grund seiner Treue auch als Begleithund. Am Kopf soll der Haarschopf weich sein. Die Nase schwarz von gemäßer Größe, wobei sich das Leder bis auf den Nasenrücken erstreckt. Der Fang muss kräftig sein und darf unter den Augen nicht abfallen. Der Kiefer stark und fähig zuzupacken. Die Zähne groß und regelmäßig. Die Augen sollen klein, oval sein mit durchdringenden Ausdruck von dunkelbrauner Farbe und nicht vorstehend. Die Augenränder sollten schwarz und Mandelförmig sein.

Die Ohren sind klein, aufrecht und spitz. Sie werden gut getragen und sollen frei von langem Haar sein und beweglich in ihrem Gebrauch. Der Hals leicht gebogen mit einem harmonischen Übergang zu den gut gelagerten Schultern.

Der Körper ist kräftig gebaut und der Rücken eben. Die Rute ist hoch angesetzt und nicht über den Rücken gezogen. Sie sollte ebenfalls frei von langem Haar sein. Die Füße gerade und parallel, die

Hinterhand gut gewinkelt. Die Pfoten klein, rund und kompakt. Die Bewegung frei, geradlinig und federnd.
Das Körperhaar sollte glatt, dicht und harsch sein. Die Farbe blau mit sattem loh, sandfarbend oder rot, wobei jede Schattierung ein Mangel darstellt. Weiße Abzeichen werden bestraft. Die Größe soll etwa 25cm und das Gewicht 6,5 kg (bei Hündinnen
etwas weniger) betragen. In Deutschland werden die Australian Terrier seit 1968 gezüchtet.

Quwando vom Zerbster Schloß

5. Standard des Australian Silky Terriers im Laufe der Jahre

Erstmalig wurde ein Standard für Seidenhaar Terrier aus dem Jahre 1903 vom Kennel Club erwähnt.

Die nächste Erwähnung erfolgte im Jahr 1908 – ein Standard des Sydney Silky Terriers vom Sydney Silky und Yorkshire Club.

Zur gleichen Zeit erschien auch der Standard des Victoria Silky Terriers vom Victoria Silky und Yorkshire Club.

Am 26.09.1946 gab der Kennel Club erneut einen Standard für den Silky Terrier heraus.

Dem folgte am 22.05.1956 der Standard des Australian Silky Terriers vom Kennel Control Council.

Am 03.03.1959 erfolgte vom ANKC der Standard des Australian Silky Terriers.

Dieser wurde am 01.01.1981 in überarbeite Form als offizieller Standard erneut vom ANKC veröffentlicht.

Die nächste Veröffentlichung erfolgte am 01.07.1991 ebenfalls vom ANKC und dann am 09.08.1999.

Hier wird sein Gewicht mit 8-10 ibs (3,5-4,5 kg) sowie eine Größe von 9 inch (ca. 23 cm) und 12-15 cm langem Seidenhaar ausgegangen.

Der aktuelle Standard ist vom 19.04.2005 ebenfalls vom ANKC.

Er wurde von Frau Elke Peper übersetzt.

Der Standard trägt die Nummer 236.
Gruppe III Terrier
Sektion 2 Niederläufiger Terrier
ohne Arbeitsprüfung

Das allgemeine
Erscheinungsbild: Ein kompakter, mäßig
nieder stehender Hund von
mittlerer Länge mit fein
strukturiertem Gebäude,
doch mit genügend Sub-
stanz, um die Fähigkeit,
im Haus unerwünschte
Nager jagen und töten zu
können, erkennen zu
lassen. Das gescheitelte,
glatte, seidige Haar ver-
mittelt ein gepflegtes
Erscheinungsbild.

Verhalten/
Charakter(Wesen):   Er soll die charakteristisch-
en Merkmale eines Terriers
zeigen und eifrige Wach-
samkeit, Lebhaftigkeit,
Gesundheit und Leistungs-
fähigkeit verkörpern.

Kopf: Mäßig lang, wobei die Ent-
fernung zwischen der

33

Stirnab-

Oberkopf:
Schädel:

Gesichtsschädel:
Nase:

Lefzen:

Kiefer/Zähne:

Nasenspitze und dem Stirn-
absatz etwas kürzer ist
als diejenige vom

satz zum Hinterhauptbein.
Der Kopf muss, wie es für
einen Terrier charakters-
tisch ist, kräftig sein; er
ist mäßig breit zwischen
den Ohren.

Flach ohne zwischen den
Augen ausgefüllt zu sein,
bedeckt von einem feinen
seidigen Haarschopf, der
nicht über die Augen fallen
darf (lang herabfallendes
Haar am Vorgesicht oder an
den Wangen ist sehr zu
bemängeln).

Schwarz.

Straff anliegend und glatt.

Kiefer kräftig; Zähne
gleichmäßig angeordnet und
keinesfalls beengt stehend;
die obere Schneidezahn-
reihe greift ohne Zwischen-
raum über die unteren
(Scherengebiß).

<u>Augen:</u>	Die Augen sollten klein, oval, niemals rund oder vorstehend sein, so dunkel wie möglichst sein, nicht vorstehend und einen durchdringenden, intelligenten Ausdruck zeigen.
<u>Ohren:</u>	Die Ohren sollen klein, v-förmig und hoch auf dem Schädel angesetzt sein; das Ohrleder ist von feiner Struktur. Sie werden aufrecht getragen und sind frei von jeglichem langen Haar.
<u>Hals:</u>	Mittellang, elegant; leicht gebogene Nackenlinie mit harmonischem Übergang zur Schulterpartie; er ist reich bedeckt von langem, seidigem Haar.
<u>Körper:</u>	Der Körper sollte mäßig lang sein im Verhältnis zur Widerristhöhe des Hundes.
<u>Rückenlinie:</u>	Im Stand und in der Bewegung stets eben. Eine eingesenkte oder gewölbte Rückenlinie ist ein schwerer Fehler.

<u>Lenden:</u>	Kräftig.
<u>Brustkorb:</u>	Mäßig tief und massig breit.
<u>Rippen:</u>	Gut gewölbt, bis zu den kräftigen Lenden reichend.
<u>Rute:</u>	Vorzugsweise kupiert, hoch angesetzt und wird aufrecht getragen, sollte jedoch nicht übermäßig lustig sein. Wenn unkupiert, sollen die ersten drei Wirbel gerade oder in leichtem Bogen aufrecht getragen werden, aber nicht über den Rücken gezogen sein. Darf nicht geringelt sein. In ihrer Länge zur Ausgewogenheit der Gesamterscheinung beitragen. Ebenso wie die kupierte Rute soll auch die unkupierte frei von Befederung sein.
<u>Gliedmaßen:</u> <u>Vorderhand:</u>	Die Vorderläufe haben zierliche, runde Knochen, sind gerade und stehen gut unter dem Körper, ohne irgendwelche Schwäche im Vordermittelfuß zu zeigen.
<u>Schulterblätter:</u>	Von feiner Struktur, gut

gelagerten Oberarmen dicht an den Rippen anliegend.

Ellenbogen: Weder einwärts noch nach außen gedreht.

Hinterhand:
Oberschenkel: Müssen gut entwickelt sein.

Kniegelenke: Gewinkelt.

Sprunggelenke: Gut gewinkelt. Von hinten gesehen sollten die Sprunggelenke niedrig über dem Boden und parallel zueinander stehen.

Pfoten: Kleine, gut gepolsterte Katzenpfoten mit eng zusammengefügten Zehen. Die Krallen müssen schwarz oder sehr dunkel sein.

Gangwerk: Die Bewegung sollte frei und geradlinig sein ohne Lockerheit in den Schultern oder den Ellenbogen; Pfoten oder Vorder-mittelfuß sollten weder einwärts noch nach außen gedreht werden. Die Hinterhand sollte große Schubkraft zeigen, wobei

Knie- und Sprunggelenke
äußerst flexibel sind.
Von hinten gesehen sollte
die Bewegung weder zu eng
noch zu breit sein.

Haarkleid:
Haar:

Das Haar muss glatt an-
liegend, fein, glänzend und
von seidiger Textur sein.
Das Haar darf nicht so
lang sein, dass die Bewe-
gung des Hundes beein-
trächtigt und die Sicht unter
dem Körper hindurch ganz
verdeckt ist. Die Vorder-
und Hinterpfoten sollen
frei von langem Haar sein.

Farbe:

Jede Schattierung von Blau
und Loh ist annehmbar, je
intensiver und klarer
abgegrenzt die Farben sind,
desto besser. Silber und
Weiß sind nicht zulässig.
Das Blau an der Rute muss
sehr dunkel sein. Ein
silberblauer oder reh-
brauner Schopf ist
erwünscht.
Bau und Loh zeigen
folgende Verteilung: Loh
um den Ansatz der Ohren,
am Vorgesicht und an den

Wangen; Blau vom Hinterkopf bis zur Rutenspitze, an den Vorderläufen hinunter bis fast zum Vorderfußwurzelgelenk und an den Hinterläufen bis zum Sprunggelenk. Das Loh verläuft in einer Linie über die Kniegelenke abwärts und dehnt sich von den Knien-und den Sprunggelenken bis zu den Zehen aus, ebenso rund um den After. Das Blau am Körper muss frei von loh oder bronzefarbenem Anflug sein. Die lohfarbebenen Abzeichen dürfen keine unsauberen rußigen Schattierungen aufweisen. Schwarze Färbung ist bei Welpen erlaubt; die Umfärbung zu Blau muss jedoch bis zum Alter von 18 Monaten erfolgt sein.

Größe: Widerristhöhe bei Rüden 23 bis 26 cm (9 bis 10 inch), bei Hündinnen kann sie etwas geringer sein.

Gewicht: In passendem Verhältnis

zur Widerristhöhe.

Fehler:

Jede Abweichung von den vorgenannten Punkten sollte als Fehler angesehen werden, dessen Bewertung in genauem Verhältnis zum Grad der Abweichung stehen sollte.

Bemerkung:

Rüden sollen zwei offensichtlich normal entwickelte Hoden aufweisen, die sich vollständig im Skrotum befinden.

Mängel:

Hunde, die deutlich physische Abnormalitäten oder Verhaltensstörungen aufweisen, müssen disqualifiziert werden.

6. Ergänzung und Erläuterungen dieses Standards

Der Australian Silky Terrier ist ein kräftig gebauter, dabei doch zierlicher Zwergterrier mit einem lebhaften Temperament, aber trotz Wachsamkeit nicht besonders kläfflustig.

Er wird als kompakter, mäßig niedrigstehender Hund von mittlerer Länge mit fein strukturiertem Gebäude beschrieben. Er soll dennoch genügend Substanz haben um die Fähigkeit wahrzunehmen die unerwünschten Nager im Haus zu jagen und zu töten.

Die korrekte Körperlänge muss ein Fünftel mehr betragen als die Höhe (gemessen von der Schulterhöhe).

Das gescheitelte, glatte, seidige Haar soll ein gepflegtes Erscheinungsbild vermitteln. Er wird als quicklebendiger, furchtloser und wachsamer Hund beschrieben, welcher trotz seiner Größe (Schulterhöhe 23-26 cm) in der Lage ist, Ratten und Mäuse zu töten. Seine kleine Größe, sein lustiges, unkompliziertes Wesen und die einfache Fellpflege machen ihn zum idealen Großstadthund. Wobei das Haar nicht so lang sein darf, dass es die Bewegung des Tieres beeinträchtigt. **Man sollte unter dem Körper hindurch sehen können.**

Der Kopf wir als fein und flach zwischen den Ohren beschrieben. Der Vorderkopf sollte kürzer als der Schädel sein. Auch sollte er kein langes Haar im Gesicht haben.

Im gleichmäßigen Kiefer sollte ein vollständiges

Scherengebiss vorhanden sein.

Die Augen sollten oval sein. Dies ist im Gegensatz zum alten Standard neu. Sie dürfen niemals rund oder vorstehend und sollten so dunkel wie möglichst sein. Die Augen sollen nicht vorstehen und einen durchdringenden, intelligenten Ausdruck zeigen. Sie sollen mit einem schwarzen Pigment umrahmt sein.

vorher   nachher

Die Nase sollte frei vom langen Haar sein.

Die Ohren sollen hoch angesetzt, v-förmig, klein und aufrecht getragen werden. Sie sollen auch frei von jedem langen Haar sein.

Der Hals soll mittellang und reich mit langem seidigem Haar bedeckt sein.

Der Rumpf soll mäßig lang mit geradem Rücken und tiefer Brust sein. Dies bedeutet, dass die Rückenlinie im Stand und in der Bewegung stets eben sein muss. Die Rippen sollen gut gewölbt bis zu den kräftigen Lenden reichen.
Die Rute wird seit dem 01.06.1997 nicht mehr kupiert. Die davor geborenen Hunde dürfen leider nicht mehr in Deutschland und andere europäische Länder ausgestellt werden. Es ist darauf zu achten, dass die ersten drei Wirbel gerade und dann in leichtem Bogen getragen werden soll.
Das Haar darf nicht Bodenlang sein. Man sollte
unter dem Hund noch durchsehen können.
Es sollte von seidiger Textur, fein, glänzend und glatt anliegend sein. Es soll nicht wollig oder wellig sein. Schwarze Wollhaare oder lockiges Haar sind zu bemängeln und entsprechen nicht dem Erscheinungsbild des Australian Silky Terriers.
Die Vorderläufe sollen gerade mit kräftigen Fesseln sein. Die Ellenbogen sollen gut gewinkelt und werden nach außen oder innen gedreht sein.
Die Hinterläufe sollen ebenfalls gerade sein.
Die Pfoten sollten kleine, runde „Katzenpfoten" sein, und frei von langem Haar.
Hier ist darauf zu achten, dass vom ersten Gelenk

bis zur Kralle nur kurzes Haar ist.

Das Haar sollte nicht Bodenlang sein.

Bei der Farbe ist jede Schattierung von Loh und Blau anzunehmen, je intensiver und klarer abgegrenzt, desto besser. Silber und Weiß sind unzulässig. Die Rute muss sehr dunkel blau sein. Ein rehbrauner oder silberner Schopf ist erwünscht. Die Verteilung von Loh und Blau sollte wie folgt sein:

Loh am Ohrenansatz, am Vorgesicht und den Wangen, sowie verläuft das Loh vom Kniegelenk abwärts, und vom Sprunggelenk bis zu den Krallen. Ebenso rund um den After.

Blau vom Hinterkopf bis zur Rutenspitze, an den Vorderläufen hinunter bis zum Vorderfußwurzelgelenk und an den Hinterläufen bis zum Sprunggelenk.

Das Blau am Körper muss frei von Loh oder bronzefarbenem Anflug sein. Die lohfarbenen Abzeichen dürfen keine rußigen unsauberen Schattierungen aufweisen.

Schwarze Farbe ist nur bei Welpen erlaubt, welche bis zum 18 Monat umgefärbt haben sollen.

Die Größe wird mit 23 bis 26 cm definiert. Hündinnen etwas weniger.

Leider tauchen trotz der Veränderung d.h. Erhöhung um 3 cm immer noch größere Hunde auf. Irgendwo sollte ein Maß angelegt werden und es sollte bei der Zucht mehr auf dieses Maß geachtet werden.

Ich habe es verstärkt auf großen Ausstellungen im Ausland erlebt, das der Zuchtrichter ein Maßband angelegt hat und den entsprechenden Hund nicht beurteilt hat, sondern dies zur Disqualifikation des

Tieres geführt hat.

Als nächstes Problem ist der Zahnstatus bei den deutschen Zuchthunden. In der Zuchtzulassungsordnung des Klub für Terriers ist ein fehlen von 4 Prämolaren erlaubt. Hier sollte aber besonders Obacht gegeben werden, dass nicht mit Zuchtpaaren gezüchtet wird, welche beide unter den P-verlust leiden. Ebenfalls sollte auch die Ausstellungsordnung in Deutschland mit den entsprechenden P-verlusten konsequenter angewandt werden.

Der Standard ist als Zuchtziel zu sehen. Er soll keine Trimmanleitung darstellen.

Darsa´s Huckleberry Finn * 21.06.1996 (daher noch kupiert)

7. Unterschied zum Yorkshire-Terrier

Der Australian Silky Terrier ein bisschen größerer Yorkshire -Terrier?
Ja oder Nein?
Worin besteht der Unterschied?

Zunächst ist der Yorkshire-Terrier, liebvoll Yorki genannt, der kleinste Vertreter der Terrier.
Er wird meist mit einem kleinen Schoßhund verwechselt, aber weit gefehlt. Er besitzt den Schneid eines Terriers. Sein langes Haarkleid behindert ihn nicht an der Jagd von Mäusen oder anderen Nagern.
Von seiner Abstammung her ist der Yorki allerdings alles andere als ein niedlicher Hund. Er entstand wie viele anderen auch aus einem bestimmten Grund. So war sein ursprünglicher Zweck die Bekämpfung von Schädlingen in Nordengland zu Beginn und Mitte des neunzehnten Jahrhunderts. Die Menschen zogen damals vom Land in die sich entwickelnden Industriezentren. Mit den Menschen kamen die Ratten, welche in zunehmende Zahl die Städte bevölkerten. Der damalige Hund sollte die Zähigkeit, den Beuteinstinkt und die Unabhängigkeit des Terriers besitzen, und er musste die passende Größe für die beengten räumlichen Verhältnisse der Schädlingsverstecke aufweisen.
Seine Abstammung ist spekulativ. Eine Vielzahl von Terriern erhebt Anspruch darauf. Hier sein

unter anderem der Scottich, Dandie Dinmont, Skye, Old English Black & Tan Terrier, Clydesalde, Paisley, Waterside und Malteser genannt.

Die damaligen Terrier wurden ursprünglich im Mittelalter gezüchtet um kleine Nager, Raubwild, Kaninchen, Ratten, Otter, Dachse und Füchse zu erlegen. Sie sollten der Beute überall nachstellen können. So kam es auch zu den Namen Terrier vom lateinischen Wort „terra" - „ERDE".

Der Englische Kennel Club erkannte im Jahre 1886 diese Rasse als eigenständige Rasse an. Schon zur damaligen Zeit trat seine Ursprüngliche Funktion als Jäger in den Hintergrund und er wurde zu einem Gesellschaftshund.

Der Yorki hat heutzutage bodenlange Haare und trägt eine Schleife, was ihn aufs erste vom Silky unterscheidet.

Denn das Haar des Silkys darf den Boden nicht berühren.

Der Körper des Silky Terriers sollte ein fünftel länger als hoch sein, beim Yorki soll der Körper kurz und fest, also kompakt sein.

Der Kopf des Silkys hat ein langes Vorgesicht und einen ausgeprägten Stop, so dass das Schopfhaar auseinander fällt und die Augen sichtbar sind.

Beim Yorki ist der Kopf kleiner und flacher mit einem kleinen und kurzen Fang.

Ebenfalls unterscheidet sich die Farbe des Schopfes (top-knot). Beim Australian Silky Terrier soll es silberbläulich und hell sein. Das kurze Haar im Vorgesicht sollte rotgold bis lohfarbend (tan) sein.

Beim Yorki soll das Haar einen reich goldenen Farbton besitzen. Es soll lang und füllig sein und der Bart ebenfalls gleichfarbig.

Die Ohren beim Silky sollen v-förmig, hoch angesetzt und frei von langem Haar sein. Im Gegensatz zum Yorki wo halb oder ganz gerade stehende Ohren erlaubt sind.

Sie sind etwas tiefer angesetzt, wodurch der Abstand zwischen den Ohren größer als beim Silky ist.

Auch die Verteilung der Farben an den Läufen ist anders wie beim Silky. Hier ist der rotgoldene Farbton an den Haarspitzen dunkler als an den Wurzeln.

Beim Yorki ist es genau umgekehrt.

Ab Knie- oder Sprunggelenk sollte beim Silky kein langes Haar an den Läufen sein.

Der Yorki soll die Behaarung an den Läufen in Übereinstimmung mit dem Körperhaar sein.

Als Gemeinsamkeit ist zu nennen, dass beide Rassen keine Unterwolle haben.

Sie verlieren kaum Fell. Es wird sehr oft mit "Menschenhaaren" verglichen. Sie sind daher sehr gut für Allergiker geeignet.

Der Yorki wird Ihre positive Zuneigung stets erwidern. Er ist ein kleiner Hund der sehr viel Zuwendung braucht. Er empfängt jeden Besucher mit einem Bellen.

8. Die Geschichte der Australian Terrier in Deutschland

Der erste Wurf fiel 1969 Tabaqui´s Amiable Ace wurde Deutscher und internationaler Champion. Es erfolgten Importe aus Dänemark und Australien.

Die Zucht bekam aber erst ihren richtigen Aufschwung als Herr Dressler 1974 seine Hunde aus Australien mitbrachte.

Er gründete mit Elmora Sondair, Taralee I am High und Austingham Merinda den Zwinger „of Canberra". Als er 1981 wieder nach Australien zurückging, übergab er seine Zwinger an Familie Wenzler, welche den Zwinger auch heute noch erfolgreich weiterführt.

Taralee I am High wurde 1976, und Elmora of Canberra 1979 Weltsieger. Dieses Stolze Erbe setzt Frau Wenzler fort. So wurden Xentillga of Canberra - 1992+1994 Weltjugend und Weltsieger, 1993 Lady, 1997 Elmora of Canberra, 1999 Gwai-Billa of Canberra, 2002 Illabo of Canberra - beste Hündin der Cufts und 2004 Weltsieger und letztendlich 2005 Killara of Canberra Weltsieger. Um nur einige Erfolge zu nennen.

Seit 1983 züchtete Familie Osterheld unter dem Zwingernamen „Dare Devils" in Deutschland.

Und seit 1990 züchtet Familie Dröst unter dem Zwingernamen "Doricas". Hier kamen viele blue and tan sowie rote Aussies zum Zuchteinsatz. Als erfolgreichster sein „Tatongs Harley Davidson" genannt.

In der ehemaligen DDR gab es auch Australian Terrier. 1980 wurde zwei von Familie Dresssler importiert.

Die schwedische Hündin „Reni´s Katinka" ist auch Stammmutter meiner Australian Terrier. Im Jahre 1983 wurde sogar die Hündin „Lady Snufbox of Canberra" von Familie Wenzler importiert.

Hieraus entstammt der Rüde „Balduin vom Miriquidi". Die Familie Rudloff stellt ihn erfolgreich im In- und Ausland aus. Kurz vor dem Mauerfall wurde „Reni´s Rob Roy" noch mit viel mühen von Familie Jablonowsky in den Osten geschafft.

1991 eröffnete ich meine Zwinger und importierte meinen ersten Deckrüden „Tatongs Coast Wind" aus Dänemark nach Deutschland, welcher ebenfalls im In- und Ausland erfolgreich gezeigt wurde.

Heute gibt es ca. 15 aktive Zwinger, und es werden jedes Jahr ca. 50-60 Welpen geboren.

Der Australian Terrier ist sehr pflegeleicht.

Im Welpenalter beginnt das regelmäßige kämmen und bürsten. Die Bürste sollte aus Wildschweinborsten mit Nylonstiften bestehen. Das tägliche kämmen hält das Fell in Form. Ohren, Pfoten und Rute sollten frei vom langen Haar sein. Dies kann gezupft oder geschnitten werden.

Für die Krallen nutzt man die Krallenzange. Ab dem 3. Lebensjahr haben sich der Kragen und der Topknot, sowie das vollständig gefärbte Haarkleid entwickelt. Also haben sie etwas Geduld, wenn der Welpe noch sehr kindlich aussieht.

Bei den roten und sandfarbenen Australian Terrier muss gelegentlich das Deckhaar nachgetrimmt werden. Fragen diesbezüglich immer mit dem jeweiligen Züchter klären, da er seine Linie bestens kennt und jeder Zeit Pflegetipps geben kann.

Zahn- und Ohrenkontrolle wie beim Australian Silky Terrier. Gleichfalls sollte auch das Haar am Geschlechtsteil kurz gehalten werden, da es sonst z.B. zu Vorhautkatarrh kommen kann.

Beim Australian Terrier genügt das gründliche Bürsten und kämmen zum entfernen des Drecks, sollte es trotzdem wegen unangenehmen Geruchs notwendig sein, bitte wenig Shampoo nutzen (wie bei Australian Silky Terrier beschrieben), da sonst die eigene Reinigungskraft des Haares zerstört würde.

Als wesentlicher Punkt ist noch die *Sprungfreudigkeit* zu nennen. Er ist fähig Luftsprünge zu machen und sich dabei um seine eigene Achse zu drehen. (Die „Beute" auf dem Küchentisch ist auch ohne Stuhl schnell zu erreichen)

Qwax vom Zerbster Schloß

Jungfer Josepin vom Zerbster Schloß

9. Die Geschichte der Australian Silky Terrier in Deutschland

Im Jahre 1964 wurde der erste Australian Silky Terrier im Zuchtbuch des Klubs für Terrier (KfT) registriert.

Es war die in Australien geborene Hündin „ Coolaroo Gay Crana" die in Flensburg bei Frau I. Schmalfeld beheimatet war. Sie wurde verpaart mit „Coolaroo Cord Arbie" und brachte im gleichen Jahr 1,2 Welpen zur Welt.

1970 wurde als Nummer 9 die Hündin „Tinker Blue Saska" eingetragen. Einige Würfe und Import folgten, so dass 1972 in Deutschland 37 Silkys beim KfT eingetragen waren.

Frau Villian, Augustdorf, beantragte 1973 die Eintragung von „Gantine´s Mücke", welche aus Holland aus der Zucht von Frau Anny Reyerink-Tibbe stammt.

Mit ihr begann der Zwinger „vom Wakenitzhof" sein Zuchtgeschehen. Aus dem zweiten Wurf blieb die Hündin „Biene vom Wakenitzhof" im Zwinger bei Frau Villian. „Bonny vom Wakenitzhof" wurde zur Gründung nach Wuppertal in den Zwinger „vom Liegnitzplatz" und „Buffy vom Wakenitzhof" zum Zwinger „von den Spessarträuber" weitergegeben.

Im gleichen Jahr 1974 begannen die Zwinger „von Joujou" und „of Canberra" ihre Zucht.

Der Zwinger „of Canberra" ist zum damaligen Zeitpunkt im Besitz von Helmut Dressler.

Er kam nach jahrelangem Aufenthalt aus Australien mit Silky und Australian Terrier im Gepäck. Diese Hunde waren sorgfältig ausgewählt und brachten dem Zwinger in den folgenden Jahren so manche Erfolge.

Der erste Welpe „of Canberra" war „Zeus" mit der Zuchtbuchnummer 84 beim KfT. Aus dem 2. Wurf von „Thackeringa Tammy" und „Rijan Peter" stammte der spätere Internationale Champion (Int. Ch.) und Weltsieger „Skipper of Canberra".

Der 100. Silkyterrier wurde 1975 von Frau Villian aus der Niederlande importiert, es war „Nixon".

In den nächsten fünf Jahren erfolgten 36 Importeintagungen, wovon 15 aus Australien, dem Ursprungsland der Rasse, kamen. Darunter waren „Hickorys Choice of Delbrae" welcher Internationale Champion, Bundessieger, Europasieger & Weltsieger wurde, sowie „Sweedehills Gwai-Billa" späterer Int. Ch.. In den Jahren erfolgten auch viele Würfe.

Darunter H. Dressler „of Canberra" mit 36, Frau Villian „vom Wakenitzhof" mit 17 und H.Mainz „Zu den lustigen Silkys" mit 13 eingetragenen Würfen um nur einige zu nennen.

Daraus stammten unter anderem „Aladin vom Liegnitzplatz" späterer Weltsieger und „Harry Brummer vom Wakenitzhof" späterer Urvater vieler Silkys ab.

Der Zwinger „Myron`s" von Frau Knoes, „vom Haus Lieb" von Frau Stockhausen sowie

"Gantines" von Frau Hartmann - Tibbe sollten folgen.

Durch Frau Hartmann-Tibbe, welche bis dahin in den Niederlanden unter dem Zwingernamen züchtete, bekam Deutschland eine neue, alte bekannte Züchterin.

Herr Dressler hingegen kehre nach „Down Under" zurück. Er hinterließ seinen Zwingernamen an Susanne Wenzler, welche heute noch unter dem Zwingernamen Australian Terrier züchtet.

Herr Dressler züchtet jetzt in Australien unter dem Zwingernamen „Ausilk" und ist für viele Importe in Deutschland mit verantwortlich.

Im Jahre 1980 war die letzte Eintragungszahl 524.

In den folgenden Jahren wurden 70 – 100 Silky Terrier in das Zuchtbuch eingetragen.

Der Zwinger „Cinderella`s" von Frau Rößig wurde 1980 eröffnet.

Die Zwinger „vom Wümmehof" von Frau Poppe und „von der Groov" von Frau Teuber hatten im Jahr 1981 ihre Zwingereröffnung. Alle drei Zwinger sind heute noch aktiv tätig.

Im Zwinger von Frau Teuber befand sich auch der Rüde „Cardo of Walkabout Creek" aus Österreich. Er zeichnet sich für 76 Welpen in Deutschland verantwortlich und ist damit einer der Silkyväter in Deutschland.

Erwähnenswert ist noch der Zwinger "vom Silkyhaus" von Frau Watson-Kummer aus dem Jahre 1983.

Frau Wojak - Brüggemann begann im Jahre 1985 unter dem Zwingernamen von der Teutoburg".

Sie war auch als Rassebetreuerin der Silky Terrier in Deutschland bis November 2001 tätig. Sie hat die Zucht aufgegeben und besitzt nur noch einen Silkyveteran.

Der Zwinger „vom Minitraum" bei Familie Schurat wurde 1986 gegründet. Zu der damaligen Zeit war aber in der ehemaligen DDR die Zucht der Silky Terrier vom VKSK nicht erlaubt. Die Familie fing die Zucht also mit Yorkshire - Terrier an und erweiterte nach dem Grenzfall ihren Zwinger mit Silky Terrier.

Bis zum Jahre 1990 waren 1286 Silkys im Zuchtbuch des KfT eingetragen.

Im Jahr 1991 wurde der Zwinger „vom Grauen Strom" bei Frau Bierwirth und im Jahre 1992 der Zwinger „vom Zerbster Schloß" bei Frau Höhne eingetragen.

Es erfolgen jedes Jahr 50-60 Eintragungen von Welpen oder Importen.

Bis zum Jahre 2000 wurden 1933 Silky Terrier in das Deutsche Zuchtbuch eingetragen.

Wie schon erwähnt gab es in der ehemaligen DDR keine Silky Terrier Zucht. Seit 2000 hat die Zulassung der Zuchtstätten nicht wesentlich zugenommen, so dass jährlich ca. 35-45 Silky Terrier in das Zuchtbuch des KfT eingetragen werden.

Bis zum 31.12.2009 erfolgten 2398 Eintragungen in das Zuchtbuch. Bis zum heutigen Tag wird in 10 Zwinger aktiv gezüchtet. Es sind weitere Zwinger angemeldet, diese haben aber noch keine Würfe vorzuliegen.

10. Die richtige Pflege

Das frühzeitige Gewöhnen an Kamm und Bürste ist sehr wichtig. Hier sollte ein geeigneter Ort gefunden werden, wo der Hund immer gekämmt und geföhnt werden kann.

Das Kämmen erfolgt mit einer weichen Bürste aus Wildschweinborsten mit Nylonnoppen. Ihr Züchter berät sie bestimmt gern über diese Anschaffungen. Der Hund wird bis auf die Haut durch gebürstet. Hier neigen besonders die Stellen unter den Vorderbeinen und bei Benutzung eines Hundegeschirrs die Haare darunter zu kleinen Knötchen, welche vorsichtig ausgekämmt werden sollten.

Man benötigt auch ein mildes rückfettendes Shampoo, welches das Seidenhaar(Silky = Seidig) unterstützen soll. Dieses Shampoo solle Seidenproteine enthalten, welche das Haar seidigen Glanz verleihen und es vor dem austrocknen verhindern. Man beginnt beim Baden im Nacken und wäscht bis zur Rute. Der Kopf wird als letzte behandelt.

Hier sollte man Obacht geben, dass kein Shampoo in die Augen, Ohren oder Nase gelangt. Anschließend ist das noch feuchte Haar mit einem Conditioner zu pflegen. Dies dient dem seidigen Glanz nach dem Baden. Der Conditioner solle gut ausgespült werden, damit keine Rückstände im Fell bleiben.

Anschließend hat das Haar einen weichen und

samtigen Griff. Nun beginnt das Trocknen.
Der Trockner sollte nicht zu heiß eingestellt
werden, damit die Haut nicht austrocknet.
Man scheitelt das Haar von den Augen bis zur
Rutenspitze. Anschließend beginnt man von unten
das Haar zu trocknen bis absolut keine
Feuchtigkeit mehr drinnen ist.
Ebenfalls soll eine tägliche Kontrolle der Augen,
Ohren und Zähne erfolgen. Hierbei sollen die
Ohren auf oberflächlichen Schmutz kontrolliert
werden. Man kann auch an den Ohren riechen,
sollte der Geruch unangenehm sein, bitte einen
Tierarzt aufsuchen um nach der Ursache zu
forschen.
Die Ohren sollten frei von langem Haar sein.
Hierfür benötigt man eine scharfe
Haarschneideschere, oder man zupft die langen
Haare mit Daumen und Zeigefinger heraus.

 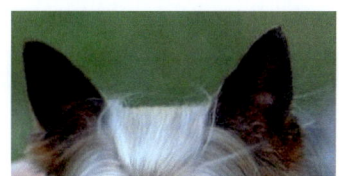

Ohren vorher   Ohren nachher

Bei der Kontrolle der Zähne, kann man den Hund
auch gleich an das tägliche Zähneputzen
gewöhnen.
Der Welpe verliert bis ca. zum 9 Monat seine
Milchzähne, welche dann durch die bleibenden
ersetzt werden. Bei Problemen im Zahnwechsel
(Doppelzähne) ebenfalls mein Rat – den

Tierarzt aufsuchen, da dieser Rat weiß und entscheiden kann ob der Milchzahn raus muss, damit der bleibende Zahn nicht schief wächst. Zusätzlich zum Zähneputzen gibt man den Hund auch noch Kauknochen, damit diese die Bildung von Zahnstein erschweren. Der Belag greift das Zahnfleisch an, die Zähne werden locker und der Hund hat Mundgeruch.

Ich finde das Zähne zeigen ist sehr wichtig, denn bei Problemen mit verkeilten Holzstücken oder ähnlichem ist es sehr wichtig, dass sich der Hund ohne Probleme an und in das Maul fassen lässt.

Die Augen sollten auch ebenfalls kontrolliert werden. Es kann zu Zugluft beim fahren im Auto oder benutzen der Klimaanlage kommen, dies führt zu Entzündungen und benötigt dann ärztliche Hilfe.

Das Haar, welches in die Augen rein wächst, ist ebenfalls zu entfernen. Siehe hierzu auch unter 4. (Erläuterung des Standards).

vorher   nachher   nachher

Die Pfoten sind auf Risse zu Kontrollieren und die Nägel sollten nicht zu lang sein. Hierzu benötigt man eine Krallenzange. Die Krallen sollten nicht zu lang sein, da das Tier sonst Probleme beim laufen haben könnte.

Sollten sie sich nicht trauen die Nägel zu kürzen, suchen sie den Tierarzt auf, dieser macht es bestimmt gern und weiß auch in welche Länge die Krallen eingekürzt werden müssen.

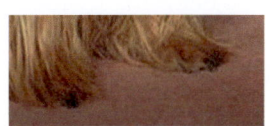
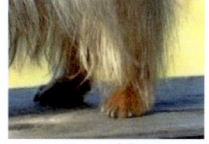

vorher   nachher

Zum Abschluss auf dem Tisch wird die Rute gepflegt. Hier sollte ebenfalls das lange Haar abgeschnitten werden. Hierzu benötigt man ebenfalls eine scharfe Haarschneideschere und eine Effeliersschere (Verdünnungsschere).

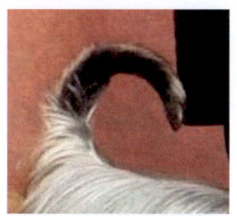

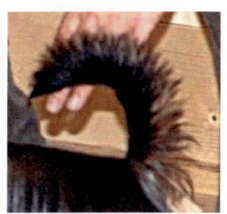

vorher   nachher

Als erstes kürzt man die Haare von der Spitze zum Ansatz ein. Am Ansatz sollte es ein bisschen länger als an der Spitze sein, und dünnt dann mit der Effelierschere die verbleibenden Haare aus damit auch keine einzelnen Spitzen stehen bleiben.

Abschließend sollte der Hund belohnt werden, weil er sich so gut auf dem Tisch benommen hat. Hier sind Leckerlis oder kleine Spielsachen von Vorteil.

9. Zucht und Genetik

Die Zuchtlenkung ist die Voraussetzung für die systematische züchterische Arbeit.
Der Züchter hat die Hauptverantwortung für die Schaffung günstiger Aufzuchtbedingungen bis hin zur richtigen Auswahl der Welpenkäufer.
Wobei die Umwelt eine große Bedeutung auf die Qualität der züchterischen Endresultate hat, hier sind vor allem die Aufzuchtbedingungen ausschlaggebend. Als weitere wichtige Seite ist die Zusammenstellung der Zuchtpaare zu sehen. Einige Züchter suchen, ohne große Selektion der Deckrüden, einfach den am nächsten erreichbaren aus. Dies sollte nicht erfolgen, es soll darauf geachtet werden, dass bei den Nachkommen die günstigsten Merkmale und Eigenschaften zu erwarten sind.
Wie sich ein Hund entwickelt, wird etwa zur Hälfte vom Züchter bestimmt (Auswahl der Partner, Aufzucht in den ersten Lebenswochen) zur anderen Hälfte aber vom Käufer der Welpen.
Bei der Befruchtung erhält das neu entstandene Lebewesen Gene von beiden Elternteilen. Die Verteilung väterlichen und mütterlicher Gene erfolgt nach einer bestimmten Gesetzmäßigkeit. Die wichtigsten werden nachfolgend erläutert.

Es gibt eine Reinerbigkeit und eine Mischerbigkeit, diese gilt bei allen höher entwickelten Lebewesen, so auch bei Hunden. Infolge der großen Vielfalt der vorhandenen Gene jeweils, nur für bestimmte Merkmale. Ein Hund kann also für bestimmte

Merkmale Reinerbig, in anderen Teilen Mischerbgig sein. Es gibt kein Tier das in allen Teilen Reinerbig ist.

Der Augustiner Mönch Georg Johann Mendel (1822-1884) führte umfangreiche Zuchtversuche durch und entdeckte dabei Gesetze, welche für Pflanzen und Tiere gleichsam gültig sind.

Dies wird als Mendelsche Gesetze bezeichnet.

Es stellt eine Grundlage der heutigen Züchtungslehre dar, ist aber selbst sehr begrenzt anwendbar.

Das 1. Gesetz beinhaltet das reinerbige Eltern und Nachkommen gleich sind, dabei können beide Elternteile sich mehr ähneln. Bsp.: schwarzer Rüde und blaue Hündin, so ist das schwarz dominant und die Nachkommen sind Mischerbig.

Das 2. Gesetz sagt aus das bei mischerbigen Eltern sich die Merkmale so spalten, im Verhältnis 1:2:1.

Das 3. Gesetz stellt fest, das Tiere, die sich in mehr als einem Merkmal unterscheiden, diese einzelne Merkmale unabhängig voneinander entsprechend dem 1. und 2. Gesetz vererben.

Die neuen „Rassehunde" entsprechen dem 2. Mendelschen Gesetz und sehen zunächst sehr unterschiedlich aus. Durch Selektion der mischerbigen Tiere von einer Generation zur Nächsten werden sie untereinander immer mehr ähnlich. Im Laufe vieler Generationen wird der Zeitpunkt erreicht, an dem relativ reinerbige Tiere einer „neuen Rasse" vorhanden sind. Auf Bezug die rassetypischen Merkmale besteht dann

Reinerbigkeit.

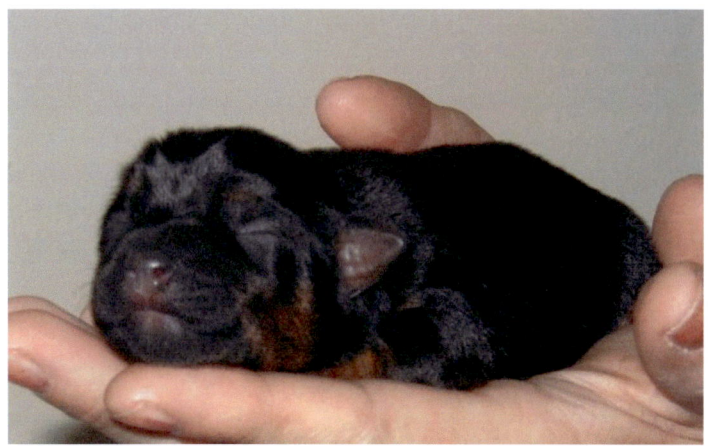

Nur verhältnismäßig wenig Merkmale des Hundes zeigen eindeutig eine den Mendelschen Regeln entsprechenden Erbgang. Die Erbgänge mit Beteiligung mehrere Gene sind bereits als Übergänge zur polygenetischen Vererbung anzusehen. Das heißt, die Mehrzahl der wesentlichen Merkmale und Eigenschaften des Hundes sind polygenetisch bedingt. Der Eintritt und die Häufigkeit der Läufigkeit sind von Erblichen- und Umweltfaktoren abhängig und bei den einzelnen Rassen unterschiedlich. So kann die Hündin vom 6. bis 14. Monat zum ersten Mal läufig werden und zwischen den Läufigkeiten eine Zeitspanne von 3-11 Monaten liegen.

Ebenso ist die Wurfgröße der einzelnen Rassen von genetischen Faktoren abhängig. Je größer die Hunde, um so größer im Allgemeinen die Würfe. Natürlich spielen auch hier die Umwelteinflüsse erheblich mit.

Als Voraussetzung seien hier die optimale Ernährung, die richtige Wahl des Deckzeitpunktes und die Jahreszeit der Verpaarung zu erwähnen.

Die Vererbung der Körperform(Größe und Masse; Kopfform; Brustbreite und -tiefe; Länge und Verlauf des Rückens und der Kruppe; Länge, Stärke und Winkelung der Läufe, Ohrenhaltung und -größe; Rutenhaltung und -länge) richtet sich nicht einfach nach den Mendelschen Gesetzen, sondern hieran sind eine Vielzahl von Genen beteiligt.

Die Erbgänge sind polygenetisch und wie schon angeführt von Erb- und Umweltfaktoren beeinflusst.

Die Körperform Merkmale sind genetisch bedingt. Die Merkmale bei den Einzeltieren einer Rasse variieren. Die Variation innerhalb einer Rasse sind zu einem großen Teil umweltbedingt.

Bei der Haarfarbe, den Hautpigmenten und der Fellart spielt ebenfalls eine große Anzahl von Genen eine Rolle.

Es gelten sowohl die Mendelschen Regeln als auch die Gesetzmäßigkeiten der Populationstechnik. Beim Australian Silky Terrier und Australian Terrier werden die Welpen schwarz geboren und sollen im Alter von 18 Monaten eine rassetypische Umfärbung beendet haben.

Die Haarfarbe wird von mindestens 10 Genen gesteuert, zwischen denen zahlreiche Wechselbeziehungen bestehen.

Die Augenfarbe wird von 3 Genen bestimmt. Sie

erfolgt unabhängig von der Vererbung der Haarfarbe. Gleichzeitig können aber bestimmte Haarfärbungen zusätzlich die Augenfarbe beeinflussen.

Die Aufgabe des Haares ist das Tier vor Kälte, Hitze, Verletzungen usw. zu schützen. Wir unterscheiden zwischen

- Stockhaar (relativ lange und harte
  Grannen - das Deckhaar- und feines
  dichtes Wollhaar - die Unterwolle)
- langhaarige
- drahthaarige und
- kurzhaarige Haushunde.

Bei den beiden letzten ist die Unterwolle ganz oder teilweise verschwunden.
Ein Extremfall ist die Haarlosigkeit am ganzen

Körper – z. B. Nackthunde. Die Vererbung erfolgt weitestgehend unabhängig von einander.

Innerhalb einer Rasse zeigt es Variationen zwischen den Einzeltieren fließende Übergänge, so dass polygene Vererbung anzunehmen ist.

Erblich sind die Grundsätze hundlichen Verhaltens, so auch eine Reihe von Spezialveranlagungen. Aber auch hier können die Bedingungen der Aufzucht z. B. Haltung, Fütterung, Verhalten Mensch zu Welpen, vorhandene Anlagen stark beeinflussen. Die Umwelt kann hier extrem fördern oder hemmen.

Ab ca. der 4. Woche beginnen die Entwicklungsphasen der Welpen. In der 2. und 3. Lebenswoche nehmen diese Vorgänge in ihrer Umgebung war. Ab 4. Lebenswoche werden sie aktiv und beginnen die Umgebung zu erkunden und Erfahrungen zu sammeln. Es beginnt die „Sozialisierungsphase". Diese dauert bis zur ca. 16. Lebenswoche an. Hier wird das Verhältnis zum Menschen, anderen Tieren und zur gesamten Umwelt entschieden. Fehler in der Aufzucht und das Verhalten des Menschen gegenüber den Welpen wirken sich während des ganzen Lebens aus. Jeder Rassehund hat charakteristische Verhaltensweisen z.B. Aktivität, Aggressivität, Lernfähigkeit u.v.m. Der Terrier ist z. B. sehr aktiv, lebhaft und sehr lernfreudig.

Die charakteristischen Verhaltensmerkmale sind erblich bedingt, können aber durch entsprechende züchterische Auslese fixiert oder   verändert werden. Zuchttiere die im Rahmen der Zuchtzulassung gute Beurteilungen erhalten haben, sind aber noch keine Garantie für gute Wesensanlagen bei den Nachkommen.

Notwendig ist auch hier die Berücksichtigung der mit den künftigen Zuchttieren verwandten Hunde. Zwingend notwendig ist hier eine aus mehreren Teilschritten bestehende Wesensbeurteilung.

Beginnend mit der Wurfbesichtigung und -abnahme sowie Zuchtzulassung bzw. Körung.

Das Verhalten ist also ein sehr variables Merkmal, welches teilweise erblich und zum großen Teil umweltbedingt ist.

Im Gegensatz zur Vermehrung, bedeutet Züchten eine Verpaarung solcher Tiere miteinander, wo deren Nachkommen eine möglichst große Annäherung an das Zuchtziel erwarten lassen.

Erstens ist die Selektion wichtig. Zweitens die Beurteilung der Nachkommen, Geschwister und Vorfahren und drittens die Verpaarung deren gemeinsamen Nachkommen um die besten Eigenschaften zu vereinen.

Bei der Selektion ist zu bedenken, dass die äußerlich besten Zuchttiere nicht unbedingt die besten Nachkommen haben müssen.

Das heißt Champions müssen nicht unbedingt Champions bekommen.

Bestimmte Voraussetzungen müssen da sein. So müssen betreffende Merkmale erblich sein, die Zuchtbasis muss groß genug sein, die Verbreitung der betreffenden Merkmale von erheblicher Bedeutung z.B. Hüftgelenkdysplasie und die Zusammenhänge müssen zwischen den Merkmalen vorliegen.

BRANDSCH (1973) sagte folgendes „Der Abstammungsnachweis lässt vermuten, was ein Tier sein soll – die Individualität eines Tieres deutet an, was es zu sein scheint – das Zuchtergebnis verrät uns, was ein Tier tatsächlich ist."

Hier sollte die Zuchtbewertung, die Eigenbewertung, die Bewertung verwandter Tiere und die Bewertung der Vorfahren nicht außer Acht gelassen werden.

Der Zuchtwert ergibt sich erst nach erfolgtem züchterischem Einsatz.

Der Erbwert sagt aus, was das Tier ererbt. Die Bewertung der Eigenleistung wird mit dem Alter genauer. Die Einbeziehung verwandter Tiere ermöglicht die Genauigkeit der Aussagen. Die Bewertung der Nachzucht vergrößert die Genauigkeit des Erbwertes.

Die Verpaarung nach Phänotyp ähnlichen und unähnlichen Tieren beeinflusst die Zucht. Es gibt zufällige Verpaarungen, Inzucht (eng Verwandte – dies bewirkt eine Steigerung der Homozygote /Reinerbigkeit/) und fremd Verpaarungen (miteinander wenig verwandte Tiere).

Zur Inzucht, sie dient der zielgerechten Verpaarung verwandter Tiere. Ziel ist es hier die Sicherheit der Vererbung erwünschter Eigenschaften zu erhöhen. Mit dieser Sicherheit nimmt aber auch das Risiko der unerwünschten Eigenschaften zu. Die Inzucht ist ein

72

zweischneidiges Schwert. Bei einer kleinen Zuchtbasis lässt sie sich auf Dauer nicht vermeiden und ist auch notwendig um bestimmte Eigenschaften genetisch zu festigen. Sie sollte also maßvoll (z.B. in Linienzucht) und sinnvoll (mit solchen Tieren, deren *Nachkommen und Verwandten keinerlei genetisch bedingten Fehler aufweisen*) erfolgen.

Als Gegenteil der Inzucht ist die Fremdverpaarung zu verstehen. Sie dient der Erhöhung der Vitalität, Verbesserung der Konstitution und bestimmter Leistungen. Nachkommen sind hier ihren Elterntieren überlegen. Nachteil ist das keine Festigung der vorhandenen Merkmale erfolgt.

Die Linienzucht wird in Gruppen aufgegliedert, die dann ständig wechselnd verpaart werden. Inzucht kann dabei nicht völlig vermieden werden, wird aber durch den Generationsabstand zwischen den verwandten Tieren relativ geringfügig Einfluss auf die Zusammenstellung der Zuchtpaare haben. Hier sollte nicht einfach der am nächsten erreichbare Rüde eingesetzt werden, sondern es soll darauf geachtet werden, ob das Paar auch zusammenpasst. Die jeweils besten Nachkommen werden mit anderen aus der gleichen Linie verpaart.

Hier lassen sich die Merkmale und Eigenschaften mit hohem Erblichkeitsgrad am besten heraus züchten. Auf je weniger Merkmale selektiert wird, umso schneller wird das Ziel erreicht.

Als nächstes werden zwei besonders gute Vertreter aus zwei verschiedenen Linien verpaart. Man versucht dadurch die Vorzüge beider Linien zu kombinieren. Gelingt die Kombination, so sind die Nachkommen den Eltern überlegen und Ausgang für eine weitere neue Linie. Dann kann die bisherige Linie ausgelöscht werden, falls das gesuchte Zuchtniveau erreicht ist.

Erbfehler sind erblich bedingt, sie sind aus gesundheitlichen oder züchterischen Gründen unerwünschte Abweichungen vom Typischen oder

Normalen.

So gibt es Abweichungen vom Rassestandard (Hängeohren) die auf die Gesundheit keinerlei Auswirkungen haben.

Erblich bedingte Krankheiten sind in Erbkrankheiten und Erb-Umweltkrankheiten zu unterteilen (Gesichtsspalte, Taubheit, bis zum
fehlen der Zähne P 1 oder M 3).

Nicht jede angeborene Missbildung muss erblich sein. Auch Umweltfaktoren können den Fötus schaden (Nährstoffmangel, Infektionserreger usw.) Dies ist aber schwer zu erkennen.

So wird vermutet, wenn z.b. ein ganzer Wurf unter angeborenen Augendefekten leidet, dass eindeutig Erblichkeit vorliegt. Tatsächlich muss aber ein Erbfaktor reinerbig vorliegen, d.h. es muss bei einem Elterntier schon vorhanden sein.

Wir können also davon ausgehen, dass Missbildungen während der Trächtigkeit hervorgerufen werden (Vitaminmangel, Stress usw.).

So ist die Hüftgelenkdysplasie schon bei sehr jungen Tieren, eine Abflachung der Hüftpfanne, auf dem Röntgenbild zu sehen, wenn die Erbfaktoren dafür vorhanden sind. Ob es aber zu einer Erkrankung kommt, hängt zum einen von einen erblich bedingten HD-Grad ab, zum anderen aber insbesondere von der stärke der körperlichen Belastung, denen der Junghund in den ersten Lebensmonaten ausgesetzt ist.

Bei den Terriern treten gehäuft Veranlagungen für Patellaluxation auf, welche zu schwerer Lahmheit führt.

Bei unseren Australian Silky Terriern sind keine gehäuften Erbkrankheiten bekannt. Hier wird seit Jahren auf die Patellaluxation geachtet und es sollte nur mit gesunden Hunden gezüchtet werden.

Ebenfalls ist auf die Vererbung von Zahnfehlern zu achten. Hier werden immer noch Hunde mit jeweils 4 Zahnverlusten oder nicht durchgebrochenen Zähnen (auf dem Röntgenbild sichtbar, aber im Maul nicht zu sehen) untereinander verpaart.

Hier sollte mehr auf Vollzahnigkeit gezüchtet werden, wobei auch der Zahnstatus der Groß- und Urgroßeltern beachtet werden soll.

Vater und Sohn

10. Kauf

Kaufen sie Ihren Welpen nur beim Züchter.
Besuchen Sie die Zwingeranlage mindestens zweimal, jeder gute Züchter freut sich über Ihren angemeldeten Besuch und steht Ihnen gern mit Rat und Tat zur Seite.

Vorsicht vor illegalen Welpenimporten.

Der Wegfall der Grenzkontrollen hat den Schmuggel gefördert. Viele der Welpen haben ungenügend Schutz gegenüber bei uns ausgerotteten Hundeseuchen. Hundestaupe und Parovieren sind wochen- bis monatelang ansteckend und gefährden so auch die einheimischen Tiere.
Neugeborene Welpen erhalten mit der Muttermilch Antikörper. Diese Antikörper sinken und müssen daher durch zeitlich richtige Impfungen wieder aufgebaut werden.
Bei den Importen werden die Welpen meist mit 4-8 Wochen von der Mutter getrennt und ungeimpft den Stress einer neuen Umgebung ausgesetzt. Dies begünstigt die Ausbreitung von Krankheiten. Bei einzelnen Tieren ist die so schlimm, dass sie trotz fachgerechter tierärztlicher Hilfe elend verenden.
Die Ansteckungsgefahr hängt von der Erregermenge ab, mit welcher der Welpe in Kontakt kam. Hier sei die Staupe genannt. Sie überträgt sich durch Tröpfcheninfektion aller Körpersekrete, die Infektionsgefahr hält bis zu 90 Tagen an.

Das Krankheitsbild ist, Entzündung der Atmungsorgane und des Magen- Darmtraktes; Hautrötungen; Entzündungen des Gehirns und der Nerven (epileptische Anfälle, Wesensveränderungen und ähnliches).

Der Parovirus wird über den Kot ausgeschieden und bleibt mindestens 6 Monate ansteckend. Bei

jungen Welpen kann der Herzmuskel geschädigt werden und es kommt zu 80 % Sterblichkeit. Das Krankheitsbild sieht wie folgt aus: schwerer Durchfall, hohes Fieber, Mattigkeit, Fressunlust und Kreislaufprobleme. Bei gleichzeitigem Auftreten von Staupe und Paroinfekt kann die Sterblichkeitsrate bei 100 % liegen. Die meisten Todesfälle treten unter 6 Monate ein.
Auch Zwingerhusten ist nicht unproblematisch.
In allen Fällen sollte **sofort** ein Tierarzt aufgesucht werden.

Weiterhin ist hier der Tierschutz zu beachten. Zum Erzielen eines maximalen Gewinns werden die Mutterhündinnen in Zuchtfabriken gehalten und bei jeder Hitze belegt.
Die Haltungsbedingungen entsprechen meist nicht unseren gesetzliche geforderten Standards und das Schicksal der nicht mehr „produzierenden" Mutterhündinnen ist meist ungewiss. Dass diese „Zucht" nicht auf Bekämpfung von Erbkrankheiten ausgelegt ist versteht sich von selbst. Das verbleiben der nicht rechtzeitig verkauften Welpen lässt auch alle Gedanken offen. Man muss der Öffentlichkeit begreiflich machen, dass ein einziger gutgemeinter Kauf das Leid unzähliger Hunde nach sich zieht und die Produktion weiter anheizt.

Also Hände weg vom illegalen Welpenkauf.

Suchen Sie sich in ihrer Nähe einen Züchter ihres Vertrauens. Wenn es ihnen beim Ersten nicht gefällt, so suchen Sie den Nächsten auf.

Kaufen Sie nicht den erst besten Welpen und wenn es auch nur aus Mitleid sein sollte, weil er ja so süß ist. Es sollte alles stimmen.

Nun folgt die Entscheidung Rüde oder Hündin?

Obwohl es Ausnahmen gibt, zeichnen sich Geschlechtsunterschiede ab, welche von Wichtigkeit sein können.

Eine Hündin hat etwa zweimal jährlich ihre ca. 3 Wochen andauernde Hitze, während dieser Zeit müssen die Rüden entfernt gehalten werden.

Der Rüde dagegen besitzt in der Regel mehr Imponiergehabe und Willensstärke. Er ist kräftiger und stärker als eine Hündin. Beim Beinchenheben gelingt es ihm nicht immer seine „Gardine" aus der Schusslinie zu halten. Will man vermeiden, dass das Fell einen merkwürdigen - strengen Geruch annimmt, sollte man ihn nach dem Spaziergang im Bauchbereich und an den Innenseiten der Hinterläufe einer kleinen Dusche unterziehen. Ebenso ist die Pflege im Genitalbereich etwas aufwendiger. Hier sollte das lange Haar regelmäßig auf ca. 0,5 cm gekürzt werden.

Ein weiteres Kriterium bei der Wahl ist die Geschlechtsverteilung in der Nachbarschaft. Es wäre nicht sinnvoll eine Hündin anzuschaffen, wenn um Sie herum lauter Rüden laufen und auch umgekehrt. Bei einem ständig liebeskranken Hund ist der Ärger mit den Nachbarn vorprogrammiert.
Bei der Frage der Anhänglichkeit unterscheiden sich die Geschlechter im großen und ganzen nicht oder nur wenig. Auch ein Rüde kann ganz verschmust und anlehnungsbedürftig sein. Mein Rüde ist sehr anhänglich und begleitet mich auf Schritt und Tritt. Er benötigt mehr Streicheleinheiten als jeder andere Hund oder Katze zuvor.

Ich kann nur raten, besuchen Sie mehrere Züchter,

bevor Sie sich endgültig für einen Welpen entscheiden. Der Aufwand lohnt sich, denn Sie werden die nächsten 15-18 Jahre mit dem neuen Familienzuwachs verbringen.

Bevor der neue Mitbewohner einzieht sollte man noch einige Vorbereitungen treffen.
Ein Welpe ist ein Energiebündel, vor seiner Neugier und seinen Zähnen ist fast nichts sicher. Zumindest in den ersten Wochen sollten Sie Vorkehrungen treffen. (Topfpflanzen erwecken immer die Neugier. Deswegen darauf achten, dass diese nicht in Reichweite der Hunde stehen, wegen Vergiftungsgefahr z. B. der Weihnachtsstern, Dieffenbachia u. v. m.).
Ach bei den vortrainierten Welpen kann es 4-5 Wochen dauern, bis er zuverlässig Stubenrein ist. Herabhängende Gardinen verleiten genauso wie überhängende Tischtücher zur Neugier. Ungeschützte Stromkabel können für Hunde tödlich sein. Auch PC-Kabel werden gern untersucht. Steckdosen kann man einfach mit einer Kindersicherung entschärfen. Nicht getragene Schuhe sollten nicht allzufrei herumstehen, denn solche leichte Beute wird schnell entdeckt.

Um einen Fehlkauf zu vermeiden und Enttäuschungen vorzubeugen, sollten sie sich durch Besuche bei Züchtern oder Gesprächen mit anderem Haltern vorab ein Bild vom Wesen der Rasse machen. Nur so können sie herausfinden, ob Sie und der Hund zusammenpassen. Ebenfalls sollten Sie die Kosten des Hundes bedenken. Die

Kosten sind einmalig, jährlich und monatlich aufgeschlüsselt.

	einmalig	jährlich	monatlich
Kaufpreis	ca.1000 €		
Grundausstattung	ca. 300 €		
Hundesteuern		ca.150 €	
Hapfpflicht-versicherung		ca. 75 €	
Impfungen		ca. 80 €	
Futter und Pflege			ca. 60 €

Grundausstattung:
- Leine und Halsband in der Regel vom Züchter
- Decke in der Regel vom Züchter
- Spielzeug in der Regel vom Züchter
- Futter für die ersten Tage in der Regel vom Züchter
- Transportbox (Plaste oder Metall) für Auto und Wohnung
- stabile Futter und Wassernäpfe
- zwei Metallkämme (grob und fein)
- eine Naturhaarbürste (Wildschweinborsten)
- geeignetes Spielzeug
- Kauknochen

13. Erziehen

Die Terrier sind leicht erziehbar und folgsam.
Sie kommen wenn man sie ruft – auch wenn
die Spur noch so aufregend duftet!
Erziehung?
Es ist zwar schön einen erwachsenen Hund zu
erwerben, welcher schon seine Erziehung hat.
Doch die Mühe der Erziehung lohnt sich, dadurch
wird „unser" Hund zu unserem Geschöpf.
Hundekinder müssen so manches lernen, wenn
„seine" Familie mit ihm gut zusammen leben
möchte.
Wie bei Menschenkindern ist auch beim Hund das
Spielen eine wichtige Maßnahme zum lernen
lassen.
Das Spiel fördert auch das innige zusammenleben
mit seinem Herrchen oder Frauchen. Über die
Erziehung sollte sich die Familie von Anfang an
einig sein. Dies beginnt mit der „Stubenreinheit".
Ich empfehle den Welpen vormittags abzuholen,
damit er sich noch bei Tageslicht an seine neue
Umgebung gewöhnen kann.
Bei der Fahrt sollte sich die spätere Bezugsperson
intensiv um den neuen Schützling kümmern, damit
der Trennungsschmerz nicht so groß ist. Zu Hause
angekommen zeigen Sie dem Kleinen erstmal den
Ort, wo er zukünftig seine Geschäfte erledigen
kann. Wenn Sie Glück haben, löst er sich
gleich, sodann kann die Erkundung der Wohnung
erfolgen.
Nachdem der Welpe mit seinen neuen Menschen
das neue zu Hause kennen gelernt hat, sollte ihm

klargemacht werden, dass es nicht gewollt ist im Haus sein Geschäft zu machen. So sollte er in der ersten Zeit im neuen Zuhause ständig beobachtet werden. Größere Wohnungen sind hier unvorteilhaft. Hier sollte man erstmal einige Räume abgrenzen, dabei sollte man solche Räume aussuchen, welche im täglichen Alltag genutzt werden. Bei Bedarf kann man auch mit Babygittern Abgrenzungen schaffen. Sobald er Unruhe zeigt, sofort raus zum „Gassi" gehen. Und mit einem Leckerli und Lob nicht sparen.

In den ersten Tagen ist er mit der Erkundung seines neuen Zuhauses beschäftigt. Muten Sie ihm deshalb noch nicht zu auch all Ihre Nachbarn und Freunde kennen zu lernen. Das hat Zeit und er sieht auch in zwei Wochen noch genauso süß aus. Erklären Sie allen wie man ein Hundebaby korrekt hochnimmt. Niemals an den Pfoten hochziehen. Zum Aufnehmen greifen Sie mit der einen Hand stützend unter das Hinterteil. Die Rute zwischen Daumen und Zeigefinger. Die andere Hand fixiert den Welpen, so dass der Zeigefinger zwischen den Vorderbeinen geschoben wird. Daumen und Mittelfinger rechts und links des Ellenbogens. In der Haltung haben Sie den Welpen sicher im Griff, ohne die noch weichen Gelenke zu belasten oder zu zerren und er kann durch zappeln nicht runterfallen.

Sollte nach ca. 15 Minuten bei Gassi gehen kein „Erfolg" eingetreten sein, hat es keine Sinn, länger zu warten, also ruhig wieder rein gehen. Den Platz für die tägliche Notdurft sollte abseits von Ablenkungen sein und man sollte dort ruhig ein Häufchen liegen lassen können, damit der Zwerg sich auch mit dem Platz vertraut machen kann. Für die Hundetoilette sollte immer der gleiche Platz genutzt werden, damit sich der Welpe daran gewöhnen kann. Sollte das „Geschäft" im Haus passieren, mit einem Papiertuch aufnehmen und nach draußen auf den vorgesehenen Platz legen. Wenn es nicht gleich klappen sollte immer bedenken - es ist noch kein Meister vom Himmel gefallen.

Ein weiterer wichtiger Punkt ist die Fütterungszeit. Durch feste Zeiten kann man abschätzen, wann der Hund für sein großes Geschäft immer raus muss. Man sollte aber bedenken, dass jedes Futter anders Verdaut wird. Ich selbst weiche das Trockenfutter immer einige Stunden zuvor gut ein. Es erspart das viele unregelmäßige Trinken nach dem Fressen und dadurch wieder das unregelmäßige Pullern. Nach 21 Uhr stelle ich das Trinken weg und gegen 22.30 Uhr erfolgt der letzte Gang ins Freie.

Was macht der Hund in meinem Bett?

Einer Apotheken Umfrage zufolge lassen mehr als ein Viertel der deutschen Tierbesitzer ihren Liebling ab und an im Bett schlafen. Es gibt Menschen die finden es total wollig, wenn der Hund ihnen im Winter die Füße wärmt und Andere wiederum finden es total unhygienisch.

Ein Hund im Bett - man kann geteilter Meinung sein. Die meisten Hunde werden jedoch in

Deutschland im Haus bzw. in der Wohnung gehalten. Hier handelt es sich nicht um kranke, verflöhte und dreckige Hunde, sondern um gepflegte und gesunde vierbeinige Hausgenossen.

Bevor der Hund im Bett schlafen darf sollte man die Rangordnung festlegen und auf Hygiene und Krankheiten des Tieres achten.

Ich empfehle eine ruhige Stelle in der Wohnung oder im Haus, wo sich der Hund im Notfall zurückziehen kann, als Schlafplatz bereitzustellen. Dieser soll als Zufluchtsplatz, Lager und Schlafstelle für den Hund dienen und soll sich immer an der gleichen Stelle befinden. Dieser Platz soll aber nicht so abgeschieden sein, dass er „seinen Menschen" nicht mehr sieht. Er soll sich auf jeden Fall immer dazugehörig fühlen.

Man kann diesen Platz auch im Schlafzimmer einrichten. Hygienisch ist es kein Problem, wenn man regelmäßiges Baden, Entwurmen und Entflöhen beachtet. Er fühlt sich wohl, wo auch immer er ist, Hauptsache „sein Mensch" ist in der Nähe. Er soll fest im Familienverband eingeschlossen werden, aber immer noch Hund sein dürfen. Viele Menschen sehen ihren Hund nicht als Hund, sondern als besondere Form Mensch. Dies soll aber nicht so sein. Man soll es ihm ermöglichen Hund zu sein und zu bleiben.

Das bedeutet, dass der Hund draußen frei laufen kann, sich mal im Dreck und Matsch räkeln darf, mit seine Artgenossen tobt und nach Herzenslust im Garten wühlen könnte. Anschließen kann man ihn im Haus ja im Bad wieder säubern und trocken föhnen.

In der Nacht empfehle ich die Hundetransportbox. Sobald der kleine Unruhe zeigt, raus zum „Gassi" gehen. In den ersten Nächten wird es vielleicht ein bisschen öfters sein, aber die saubere Schlafmatte ist dafür der Dank. Wenn man sich konsequent an feste Zeiten hält, bleibt der Erfolg nicht aus.

Dann beginnt das Laufen an der Leine. In der Stadt ist das besonders wichtig, da der Welpe noch nicht immer auf seinen Namen hört. Sollte Ihnen die Leine nicht zusagen, kann man auch ein Brustgeschirr kaufen. Lassen Sie die Leine am Anfang locker, der Welpe will seine Freiheit, lernt aber bald sich an die länge der Leine zu gewöhnen.

Dann gehen Sie mit dem Kleinen oft an belebte Plätze, damit er Leute und fremde Geräusche kennen lernt und sich an den Verkehr gewöhnt.

Lassen Sie ruhig den Kleinen an den fremden Leuten riechen - wenn diese es zulassen. Nicht wegziehen. Der Kleine soll Kontakt aufnehmen.

Ein Australian Terrier ist immer sehr vorsichtig, also haben sie etwas geduld. Er lernt es auch, er wird sogar als sogenannter „Spätentwickler" bezeichnet. Der Aussie braucht mehr Zeit zu Eingewöhnen wie andere Terrier.

Immer langsam, denn es ist noch ein junges Wesen und muss erst alles lernen.

Man kann ihn auch einige Kommandos beibringen, wie Sitz, Platz oder Steh.

Liebe und Lernen gehen durch den Magen.

Immer wenn der Hund das gewünschte getan hat
ein Leckerli geben zur Belohnung, damit auch er
ein Erfolgserlebnis hat und immer schön loben

und mit seinem „Rufnamen" ansprechen, damit er irgendwann auch darauf hört.

Man kann auch sehr viel mit der Stimme machen. Wenn man streng redet ist dies als Bestrafung anzusehen. Niemals den Hund schlagen, denn eine Hand die füttert sollte niemals strafen.

Nicht länger als 5-10 Minuten je Tag mit einem kleinen Welpen üben, denn sonst verliert er das Interesse an der Sache und tut es niemals. Die Übungszeit kann man bis zu 5-6-mal am Tag wiederholen.

Das Hundekind darf nur bestraft werden, wenn es etwas zuvor Verbotenes getan hat. Je schneller die Bestrafung umso wirkungsvoller. Schon einige Minuten danach ist es sinnlos, da der Hund sich nicht mehr daran erinnern kann.

Gestraft wird nur im Notfall durch Schütteln im Nackenfell, wie es die Mutterhündin im Ernstfall auch tut. Mit Streicheln oder Loben erreichen Sie bei einem Hund alles. Geduld und Konsequenz sind wichtigste Arbeitsmaterialien bei der Erziehung der Welpen.

Hundeplatz ist eine Entscheidung für jeden selbst. Der Australian Terrier ist ein idealer Begleithund und arbeit auch sehr gern mit anderen Hunden zusammen auf dem Platz. Ein ausgewachsener Hund kann auch ohne Schwierigkeiten mit am Fahrrad laufen. Aber erst ausgewachsen - kein Welpe oder Junghund.

Dauerkläffen kann besonders unangenehm in einer

Neubauwohnung sein. Das Bellen dient zwar der Verständigung lässt sich aber beschränken. Bereits im Welpenalter, wenn der Hund beim Spielen zu laut wird, wird sofort unterbrochen. Ein kurzes scharfes „AUS" folgt. Ist er still wird er gelobt. Kurz darauf kann das Spiel wieder fortgesetzt werden. Bis der Welpe das Kommando „Aus" mit dem Bellen in Verbindung bringt, erfolgen viele Wiederholungen. Wenn er es einmal begriffen hat, wird er es auch bei jeder Situation befolgen.

Sollte Ihr Hund trotz entsprechender Erziehungsmaßnahmen ständig Teppich, Möbelstücke und ähnliches zernagen oder zum Dauerkläffer werden, so kann eine Verhaltensstörung vorliegen.
Der Hund wird zu lange und zu häufig allein gelassen und hat Langeweile. Strafen ist zwecklos. Es muss die Ursache beseitigt werden. Solche Tiere brauchen Beschäftigung, ausreichend Bewegung und Zuwendung. Dann brauchen sie auch kein Ventil für ihre ungenutzte Energie.

14. Hundeplatz und Ausbildung

Die Sucharbeit macht genauso Spaß, wie Gehorsam oder spielen mit dem Beissknochen.

Auch der Australian Silky Terrier ist sportlich zu begeistern. Hier biete sich vor allem Agility an. Das ist das durchqueren eines Geländes mit Hindernissen. In jeder Stadt gibt es Hundeclubs, wo man sich jeder Zeit erkundigen kann, welche Sportarten dort angeboten werden. Informieren Sie sich beizeiten. Ihr Tierarzt stellt bestimmt gern den Kontakt her.

Dies kann man auch für die Welpenspielstunden nutzen. Sehen Sie ich die Gegebenheiten an, sprechen mit den Leuten und bei Gefallen gehen Sie mit den Hund da hin. Hier wir viel geboten und der Hund hat eine Aufgabe und ist beschäftigt. Darüber freut er sich besonders, und durch Lob ihrerseits fühlt er sich auch Bestätigt.

Wenn man sehr gut ist, kann man mit seinem Hund auch an kleinen Turnieren teilnehmen, wo die Tiere mit ihrem Halter teilnehmen.

Ich kenne sehr viele von meinen Welpenkäufern die eine dieser Variante gewählt haben.

So gibt es Australian Terrier mit einer Begleithunde- und Fährtenhundeprüfung. Auch bei Agilityturnieren sind sie sehr erfolgreich.

Beim Agility durchlaufen die Hunde und sein Führer zusammen einen Parcours auf dem ca. 15 Hindernisse (Wippe, Tunnel, Schrägwand, Hochsprung, Slalom u.s.w.) aufgebaut sind. Bewertet werden das korrekte Überwinden und die Schnelligkeit. Vorraussetzung ist hierfür ein guter Gehorsam. Der Hunde wird mittels Stimme dirigiert. Da beide den Parcours bewältigen, dient es für beide zum Fitness.
Dem steht auch der Australian Silky Terrier nicht nach. Er ist sehr flink und eignet sich daher auch sehr gut zu solchen Sportarten.
Ein gemeinsames Ziel für Herrchen und Hund ist doch auch sehr super.

Bei der Ausbildung zu Prüfung oder bei dem Zeigen im Showring spielt es keine vorrangige Rolle ob der Hund gewinnt. Viel wichtiger ist es, dass er Spaß hat, artgerecht beschäftigt wird und die Beziehung Hund - Mensch vertieft wird.

11. Auf Reisen

Verreisen sie mit ihrem Vierbeiner, so kann die Wahl des idealen Verkehrsmittels über den Erfolg und Misserfolg entscheiden.
Grundsätzlich gilt,
„Was Du willst das man Dir tu`, das füg auch Deinem Hund nicht zu ".
Zuerst mal stellt man die Überlegung an, welcher Reisetyp bin ich und mein Hund. Diese Entscheidung sollte für alle eine Freude sein und keinen Stress verbreiten.
Die häufigste Variante, ist die Fahrt mit dem eigenen Auto. Sie ist für den Hund am angenehmsten, da die Pausen individuell gelegt werden können und so auf die Bedürfnisse des Hundes abgestimmt werden können. Hier ist auf die Sicherheit des Hundes im Auto zu achten. Es steht die Hundereisebox oder der Sicherheitsgurt zur Verfügung. Wichtig ist hier, das Tier vor einer längeren Reise an die Sicherheitsmaßnahme zu gewöhnen. Ich selbst nutze die Hundereisebox.
Im jungen Alter gewöhne ich die Welpen mittels Futter an die Box. Die Tiere werden frühzeitig in der Box gefüttert oder bekommen ihre Leckerlis in der Box. Am Anfang bleibt die Tür offen, später wird sie zur Fütterung verschlossen. Die Hunde finden dies als normal, wenn die Box zu geht, da sie ja wissen, wir werden bald wieder raus gelassen.
Alternativ ist der Sicherheitsgurt zu erwähnen. Dieser wird am Rücksitz montiert am Brustgeschirr des Hundes befestigt. Dies

mögen manche Tiere besonders, da sie die Nähe von Herrchen und Frauchen so besser genießen und auch die Umwelt beobachten können.

Beachten Sie aber, dass in manchen Ländern unterschiedliche Regelungen zum Transport von Hunden gelten. Ihr Tierarzt oder der ADAC berät Sie hierüber gern.

Wichtig ist hier vor allem: **DEN HUND NIEMALS IM AUTO ZURÜCKLASSEN.**

Verzichten Sie auf die Fahrt während der Mittagshitze oder an den klassischen Stautagen. Ein geöffnetes Fenster bietet im Hochsommer keine ausreichende Kühlung. Eine starke Abkühlung mittels Klimaanlage ist für den Hund genauso problematisch wie Zugluft. Zu bedenken ist auch, dass auf vielen Raststätten keine Hunde Zutritt haben, als Alternative bietet sich ein Abstecher links oder rechts der Autobahn an. Wer seinen Hund im Auto ohne Aufsicht lässt, muss damit rechnen, dass dieses von Behörden gewaltsam geöffnet werden kann.

Bahnreisen stellen eine Alternative dar. Hier ist als Einschränkung gesagt dass das Tier zuvor an die Geräusche und Gerüche im Zug gewöhnt werden muss. Die Bahn bietet auch keine individuellen Stopps. So sollten unbedingt eine Wasserschüssel und ausreichend Wasservorrat dabei sein. Wie der Hund im Zug transportiert werden darf hängt von der entsprechenden Stecke ab. Dazu zuvor mit der Bahngesellschaft sprechen. Auch muss zuvor geklärt werden ob der Hund eine Fahrkarte

benötigt.
Bei geplanten Fernreisen ist der Rat - Hunde nur
mitnehmen, wenn die Reise länger als 1 Monat
dauert zu befolgen.

Der Flug   bedeutet großen Stress für den
Hund.
Hier gelten die unterschiedlichen Transportvor-
schriften der Fluggesellschaften.
Abhängig vom Gewicht dürfen die Kleinen in den
Passagierraum und die Großen in denklimatisierten
Frachtraum. Im Passagierraum sind die Plätze pro
Flug limitiert, auch hier ist ein zeitiges Planen von
Vorteil.
So sollte immer eine Non – Stopp Variante
gebucht werden, da eine Zwischenlandung
erneuten Stress verursacht.

Eine Kreuzfahrt wird wohl keiner in Erwägung ziehen. Manche Länder sind aber nur mit Fährschiffen zu erreichen. Dort herrscht Leinen und Maulkorbpflicht.

Ein gültiger Impfausweis ist selbstverständlich, genau so, wie die notwendigen ärztlichen Untersuchungen je Land. Bitte hierzu den Tierarzt beizeiten kontaktieren, da manche Untersuchungen und Tests lange Zeit in Anspruch nehmen. Hunde dürfen auch hier nicht im Auto zurückgelassen werden.
Bei jeder Reise gilt: der Impfausweis muss aktuell sein, alle notwendigen Impfungen müssen vorhanden sein. Der Hund muss eindeutig gekennzeichnet sein. Ältere Hunde sind tätowiert, Jüngere haben schon einen Mikrochip. Einige Länder benötigen einen Tollwutbluttest oder eine Bandwurmbehandlung. Außereuropäische Länder verlangen zusätzlich noch amtstierärztliche Zeugnisse. Hier gilt, zuvor den Tierarzt fragen wie die Einreisebestimmungen im jeweiligen Land sind.

Die nachfolgende Checkliste für das Hundegepäck sollte beachtet werden:

- Impfausweise und eventuelle Gutachten
- Versicherungsscheine
- Erste Hilfe Koffer mit Mittel gegen Reisekrankheiten, Augensalbe, Ohrenreiniger, Zeckenzange, Durchfallmittel, Pfoten-reinigungsmittel, Mittel gegen Flöhe und Zecken,
- Verbandsmaterial, sonstige regelmäßige Medikamente des Hundes
- Sicherheitsgurt oder Transportbox

- waschbare Unterlagen
- Maulkorb und Ersatzleinen
- Kamm, Bürste, Handtücher
- Kotbeutel
- ausreichend Wasser und Futter, sowie zwei Näpfe
- Spielzeug und Leckerli

Wer seinen Hund mit in den Urlaub nimmt, sollte dies mit seinen Quartiergebern oder Campingplatz im Voraus abklären.

Auch bei Mitnahme in Gaststätten und Kaffees ist dies vorher zu erfragen, wenn der Hund dies gewohnt ist steht einem angenehmen Essensaufenthalt nichts entgegen.

Gerade im Urlaub hat man die meiste Zeit mit seinen Vierbeiner zu spielen und zu toben. Auch am Wasser gib es verschiedene Hundestrände, wo Sie mit ihrem Vierbeiner gern gesehen sind und keinen stören. Nicht nur im Wasser ist es für viele Hunde interessant, auch ein Wanderurlaub kann begeistern. Viele Tourismusregionen sind Hundefreundlich, so ist es selbstverständlich, dass der Hund dort frisches Wasser angeboten bekommt.

Bevor man seinen Urlaub plant sollte man kritisch überlegen, wann. So sollten der Ferienbeginn mit den Kilometer Staus und ausgebuchten Zügen nicht als ideale Zeit ausgesucht werden. Auch sollte man bedenken, wo lasse ich meinen Hund wenn ich Museen oder Kirchen besichtigen will.

Wenn dies zuvor alles bedacht ist steht einer Reise

nichts mehr entgegen.

Denn wenn man nicht genau weiß, wie die Umstände im Reiseland sind, ist es vernünftiger seinen Hund bei Freunden oder in einer zuverlässige Pension unterzubringen.

Meine Hunde fahren sehr gern mit dem Auto. Sie empfinden dieses als „Haus auf Räder". Sie springen sehr gern ins Auto, wo sie immer mit möchten, da man da ja bei seinem geliebten Menschen sein kann. So nehme ich immer meine Tiere mit auf Reisen, da ich zuvor über das Ziel umfangreiche Erkundigungen einziehe und dadurch der Urlaub nicht in Stress und Chaos ausartet.

12. Auf Ausstellungen

Der Hund sollte so zeitig wie möglich an Reisen mit dem Auto gewöhnt werden.

Hier empfehle ich die Hundetransportboxen.

Diese können auch auf der Ausstellung genutzt werden, damit das Tier eine Möglichkeit sich zurückzuziehen und auszuruhen.

Die Welpen sollten zur täglichen Pflege wie kämmen, Zahn- und Ohrkontrolle auf den Trimmtisch gestellt werden. Dies sollte mit sehr viel Einfühlungsvermögen, ruhig und gelassen erfolgen.

Das Tier soll keine Angst vor dem Trimmtisch bekommen. Bewährt hat sich hier die Gabe von Leckerli als Belohnung, wenn der Hund artig stand. Das Üben sollte zuerst ein bis zwei Minuten lang erfolgen. Dies sollte ausgeweitet werden, so dass der Hund später beim trocken Föhnen auch still auf dem Trimmtisch stehen bleibt. Er weiß ja nun es passiert nichts und er bekommt ein Leckerli wenn Frauchen oder Herrchen fertig sind.

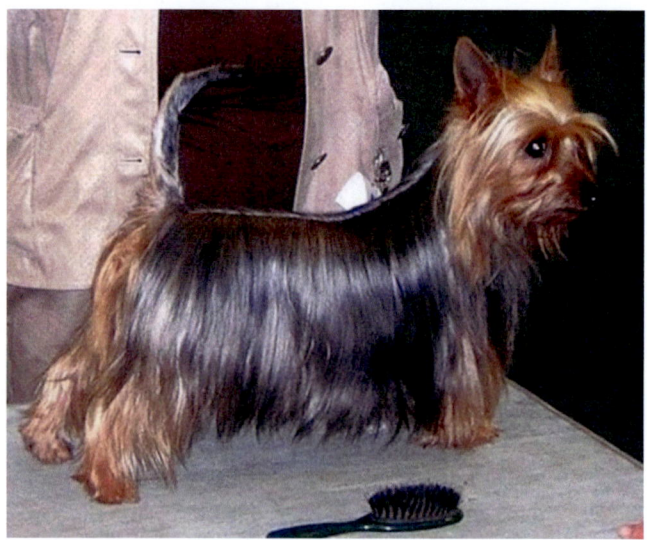

Auf dem Tisch

Das Tier sollte ebenfalls ohne zu ziehen, bzw. vor- oder zurück zulaufen, an der Leine links bei „seinem" Menschen laufen. Er sollte sich dem Schritt des Menschen anpassen und nicht umgekehrt, da dies optisch nicht so schön aussieht. Hier heißt es auch am Anfang langsam üben, üben und nochmals üben, denn so bleibt der Erfolg nicht aus.

Diese Leinenführigkeit sollte auch ab und zu – nicht immer – auf der Straße ausprobiert werden.

Bei der Show sind die Hunde den verschiedensten Gerüchen und Geräuschen ausgesetzt, und so soll erreicht werden, dass der Hund sich nicht so schnell von anderen Reizen ablenken lässt. Er sollte mit erhobenem Kopf neben seinen Führer einhergehen.

Auf dem Tisch sollte auch eine tägliche Zahnkontrolle erfolgen. Das Tier muss sich auch von fremden Personen anfassen lassen. Es muss freiwillig seine Zähne zeigen und darf den „Fremden" nicht anknurren oder beißen. Dies würde zur Disqualifikation im Ring führen.

Das Zähne zeigen ist auch gut, wenn mal ein Tierarztbesuch ansteht und er nicht gleich den Doktor in den Finger beißt. Der Hund muss sich ohne Probleme auch von „fremden" Personen überall anfassen lassen. Hier erfolgt eine Kontrolle der Größe, der Kopf- und Körperproportionen, der Bemuskelung und der Haarlänge und -qualität um nur einiges zu nennen.

Er sollte auch beim rufen die Ohren erhoben und die Rute aufrecht tragen. In den meisten Fällen kann man den Hund vom Tisch herunter nehmen und auf dem Boden präsentieren.

Hier „baue" ich den Hund auf, in dem ich die Leine - spezielle Ausstellungsleine – straff in der eine Hand halte und mit der anderen Hand die
Hinterbeine in die richtige Position bringen.

106

Der Hund darf auch nicht aggressiv auf andere Artgenossen reagieren.

Man sieht leider noch viel zu oft, dass sich die Hunde im Ring sehr ungehalten gegenüber ihren Artgenossen benehmen. So wird gebellt, geknurrt und sogar versucht zu beißen. Dies ist nicht erlaubt.

Beim laufen im Ring, sind die Anweisungen des Richters zu befolgen. So kann es sein, dass man nicht nur im Kreis sondern auch im Dreieck oder ein T laufen soll. Dies dient der besseren Beurteilung des Gangwerkes durch den beurteilenden Richter.

Wenn mehrere Hunde im Ring laufen sollte genügend Anstand zum Vordermann beibehalten werden. Es ist nicht schön, wenn man in die Hacken getreten wird. Der Hund fühlt sich ebenfalls bedroht und kann sich nicht richtig präsentieren, da er sich unruhig umschaut um seinen „Gegner" im Auge zu behalten.

Also Abstand ist wichtig. Nach Abschluss der Bewertung sollte man sich gegenseitig beglückwünschen, denn dies ist ein Zeichen sportlicher Fairness.

Die Ausstellung sollte dem Spaß dienen und nicht in Ernst ausarten und zu harten Konkurrenzkämpfen führen. Die Tagesform des Vorführers und des Hundes sind entscheidend.

Man ist nicht jeden Tag gut drauf – so geht es auch unseren Hunden. Und letztendlich entscheidet immer noch der Richter und nicht jemand am Rand über die Platzierung der Hunde.

13. Ernährung

Der Hund ist ein Fleischfresser. Seine ganze Verdauung, Magen, Darm und auch das Gebiss sind darauf angelegt Beute zu fangen, zu fressen und zu verdauen. Daher ist der Hund auf keinem Fall ein Restverwerter und mit Küchenabfällen zu ernähren. Die Zusammenstellung ist für den Hundehalter sehr schwer, daher ist das Angebot des Hundefertigfutters ideal. Es beinhaltet alle wichtigen Vitamine, Mineralstoffe, Spurenelemente und Rohproteine die ein Tier benötigt. Mit der Zugabe von frischem Wasser kann das Futter als Dosen- oder Trockenfutter gereicht werden.
Es ist zu beachten, dass junge Hunde Welpenfutter erhalten. Da man seinen Welpen erst mit 8-12 Wochen erhält ist dieser in der Regel vom Züchter auf 3-4 Mahlzeiten eingestellt. Die meisten Züchter geben ihren Welpenkäufern Futterpläne und Futterproben mit, so dass der kleine Welpe keine so große Umstellung im neuen zu Hause hat. Das Futter hat weder warm noch kalt zu sein. Futter aus dem Kühlschrank immer erst auf Zimmertemperatur bringen, da sich sonst der Hund den Magen verkühlen kann. Bis zum ersten Lebensjahr solle Welpenfutter gegeben werden, da sich der Magen-Darmtrakt erst entwickeln muss. Hier sollten die Empfehlungen des Herstellers beachtet werden.
Die Umstellung zum Erwachsenenfutter sollte Schrittweise erfolgen. Dosenfutter sollte nicht länger als 20 Minuten im Napf stehen, da es verderben kann. Nicht verbrauchte Futterreste

gehören weggeworfen. Trockenfutter neigt nicht zum schlecht werden, sollte aber auch nach einiger Zeit weggeräumt werden, damit sich der Hund an Fressenszeiten gewöhnt und nicht den ganzen Tag „rumnascht".

Eine regelmäßige Gewichtskontrolle erleichtert uns den Überblick, ob sich der Welpe gesund entwickelt. Bei Ernährungsproblemen gibt es sehr gutes und gesundes Futter beim Tierarzt, welches auch ein langes, problemloses Leben des Hundes ermöglicht. Da alle wichtigen Zusätze im Fertigfutter enthalten sind, sollten keine zusätzlichen Mineralien oder Vitamine gegeben werden.

Fleisch und Innereien, wie Pansen, können auch gefüttert werden, dann sollte aber an diesem Tag kein Fertigfutter verabreicht werden.

Milch sollte für alle Hunde tabu sein. Milchprodukte wie Quark und Jogurt können als Beigabe und nur als Beigabe zum Trockenfutter gereicht werden.

Diese Produkte sollen **nie** ein Alleinfutter darstellen.

Gekochtes oder rohes Gemüse kann ebenfalls als Zugabe gereicht werden. Hier sind ihrer Fantasie keine Grenzen gesetzt.

Von Knochen rate ich generell ab. Ersten führt dies zu Verstopfungen und Knochensplitter können den Magen oder Darm verletzen, so dass der Hund elendiglich verenden kann. Sollte das Tier länger als zwei Tage das Futter verweigern, kann eine Krankheit die Ursache sein.

Hier empfehle ich den Gesundheitszustand vom

Tierarzt untersuchen zu lassen.

Ausreichende Bewegung, gute Unterbringung und gesunde Ernährung sind wichtig für die gesunde Aufzucht ein ein langes, gesundes Leben ihres Hundes.

Das Altern ist ein natürlicher Vorgang. Dabei handelt es sich um ein kontinuierliches Nachlassen aller biologischen Funktionen. Wo besonders das Herz-, Kreislaufsystem, die Verdauung, die Sinnesorgane und der Bewegungsapparat betroffen sind. Der Hund ist im Alter nicht mehr so agil, daher sollte auf lange Reisen, stressige Situationen und ungewohnte Umgebungen verzichtet werden. Ebenfalls werden äußere Einflüsse nicht mehr so gut verkraftet.

Im täglichen Leben kann es langsam zu Einschränkungen kommen. So können steile Treppen, lange Spaziergänge oder hohe Autotüren plötzlich ein Hindernis darstellen. Bewegung ist aber trotzdem wichtig. Sie sollte nicht mehr so wie in der Jugend schnell und lange sein, sondern muss voll dem Alter angepasst werden. Zum einen ist die gleichmäßige kontrollierte Bewegung ein gutes und gelenkschonendes Training für den Senior. Körperbetonte Sportarten wie Agility sind differenziert zu betrachten. Hier stellen die Sprints und Sprünge ein Problem dar. Die Gelenke der alten Hunde sind nicht mehr so belastbar (z.B. Arthrose), so dass es zu schmerzhaften Gelenkentzündungen führen kann. Hier ist es sinnvoll nur solche Übungen durchzuführen, welche das Tier nicht so belasten (z.B. Tunnel). Auch sollte hier die Ernährung auf das Alter abgestimmt sein. Dazu bietet der Handel spezielles Seniorenfutter an, welches von den alten Hunden sehr gern angenommen wird.

Grundregel für das Futter ist kalorienreduziert, leicht verdaulich und reich an Mineralstoffen. Da sich das alte Tier weniger bewegt, benötigt es auch nicht mehr so viele Kalorien. Die speziellen Seniorenfutterangebote enthalten alles was ein alter Hund benötigt. Ebenfalls sollte das Fütterungs-verhalten umgestellt werden. Der alte Hund sollte genau wie ein Welpe dreimal am Tag Futter be-kommen. Das Futter sollte idealerweise in Kopf-höhe des Tieres angeboten werden. Ein Verdau-ungsschläfchen ist für den Senior auch sehr Empfehlenswert.

Übergewicht sollte nach Möglichkeit vermieden werden, da sie den Bewegungsapparat und das

Herz - Kreislaufsystem belasten. Hier ist auf eine ausgewogene und kalorienreduzierte Diät mit einer vernünftigen Bewegung zu achten.
Das Abnehmen erhöht die Agilität des Hundes. Sehsachwache oder blinde Hunde lernen rasch sich an Geräuschen oder Gerüchen zu orientieren und finden sich in ihrer gewohnten Umgebung bestens zurecht. Bei Spaziergängen sind lange Laufleinen von Vorteil, da das Tier so immer in Verbindung mit seiner Bezugsperson ist. Schwerhörige oder taube Hunde - Senioren können an Sichtzeichen gewöhnt werden. Ein Gesundheitscheck ist auch im Alter von Vorteil. So können Krankheiten frühzeitig erkannt werden.
Die Impfungen sollten auch im hohen Alter erfolgen, da das Immunsystem im Alter nicht mehr so leistungsfähig ist.
Zahnstein und -belege sollten ebenfalls regelmäßig beseitigt werden. Sie verursachen nicht nur Mundgeruch, sondern belasten auch den Organismus.
Als letzte sei noch einmal der Hundesenior angesprochen, welches mir besonders am Herzen liegt. Oft wird nicht bedacht wie Alt ein Hund werden kann. Der wahre Hundefreund wird seinen alt gewordenen Hund besondere Liebe und Pflege zuteil werden lassen. Für ihn ist es selbstverständlich eine gute Betreuung im Lebensabend des Hundes zu gewähren. Er weiß, dass der Veteran ja für und alt und grau geworden ist.
Hier sollte man an die Züchter denken, welche auch den alten Hunden die Treue halten. Wie kann

man anders handeln, als seinen alten Zuchttieren was seine züchterischen Erfolge und gute Ausstellungsergebnisse geliefert hat einen schönen Lebensabend zu geben. Die frohen, jungen, erfolgreichen und glücklichen Jahre zu teilen ist eins, aber man muss auch eine wahre Größe beweisen und den Hund in seinen letzten Stunden einen schönen Lebensabend geben. Die Ausstellungen sehen auch das Vorführen der Veteranen in der Veteranenklasse vor. Hier kann man die Aussteller sehen, wie sie ihren alten Hund noch voller Stolz präsentieren.

Erfreulicherweise wissen die meisten Züchter von Terriern von der Verpflichtung gegenüber ihrer Hunde. Sie holen einen tüchtigen Tierarzt bei

Problemen, denn nur so kann einem kranken Tier geholfen werden. Der letztlich schmerzlichste letzte Weg darf erst beschritten werden, wenn auch der Tierarzt nicht mehr helfen kann und das Weiterleben eine Qual bedeutet. Diesen letzten Freundschaftsdienst sollten wir unserem treuen Freund erweisen und ihn hierbei auch begleiten, da er ja für sein ganzes Leben für uns da war. Echte Hundefreunde nehmen es nicht leicht und gehen diesen Schritt mit einer gewissen Verantwortung.

14. Porträt Galerie

Amadeus und seine Tochter Scilla

Australian Terrier
Nice Dream vom Tannenberg

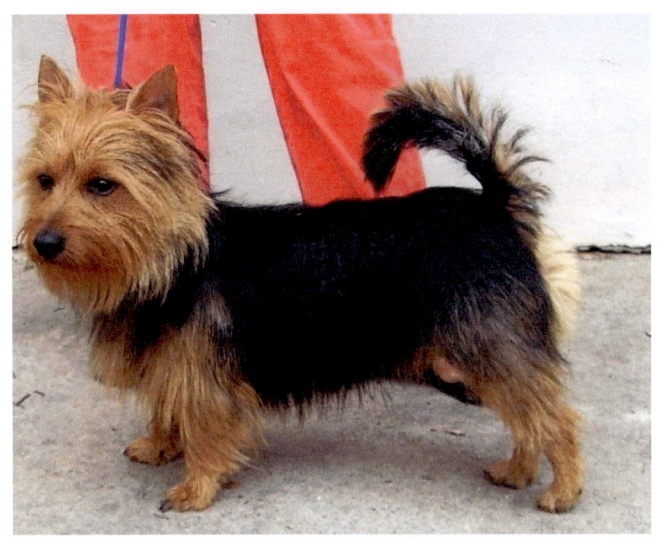

Australian Terrier
Quwax vom Zerbster Schloß

Australian Terrier
Lanzelott of Canberra

Aussiwelpen auf Erkundungstour

Nice Dream vom Tannenberg und Dana von der Teutoburg

Dakota Blue of Danubian Channel

120

Katharina die Große vom Zerbster Schloß

Aussies unter sich

Telina vom Zerbster Schloß

Jungfer Josephin vom Zerbster Schloß

Lanzelot und Nice Dream

auch Schnee macht Spaß

vom Winde verweht

Bin ich nicht schön?

Amadeus of Magic Melody
- er hat 25 Titel
- über 140 x ausgestellt im In- und Ausland
- über 90 x BOB errungen
- stolzer Vater von 85 Kindern im In- und Ausland
  die Kinder wohnen unter anderem in Italien, Bosnien,
  Polen, Dänemark, Österreich, Kroatien, Tschechien,
  Russland, Deutschland und werden dort auch mit Erfolg
  gezeigt.

Schluss!!!